# **회사**에서 **인정**받는 사람들의 **7가지 습관**

# 회사에서 인정받는 사람들의 7가지 습관

**초판 1쇄 2022년 06월 10일**

**지은이** 이주화 | **펴낸이** 송영화 | **펴낸곳** 굿웰스북스 | **총괄** 임종익

**등록** 제 2020-000123호 | **주소** 서울시 마포구 양화로 133 서교타워 711호

**전화** 02) 322-7803 | **팩스** 02) 6007-1845 | **이메일** gwbooks@hanmail.net

© 이주화, 굿웰스북스 **2022**, *Printed in Korea*.

**ISBN** 979-11-92259-20-8 03190 | **값 15,000원**

회사가 인정하는 사람들의 특급 비밀!

# 회사에서 인정받는 사람들의 7가지 습관

**이주화** 지음

**굿웰스북스**

# 예측할 수 없는
# 미래를 어떻게 대비하고
# 무엇을 준비해야 하는가?

과거의 연장선상에서 미래를 예측하기 힘든 불안한 시대에 우리는 살고 있다. 예전의 룰이 이제는 적용되지 않고 그렇기에 모든 문제의 해답을 쉽게 찾을 수 없다. 조직 또한 선명한 비전을 제시하는 일이 어려워지고 있다. 그런 상황에도 시장은 항상 변하기 마련이고 기업은 시장의 수요와 발전에 따라 시시각각으로 조정과 개선을 추구하며 구성원들이 유연한 적응력과 대처 능력을 겸비하고 혁신의 풍토를 이루어가기를 바란다.

사원부터 관리직에 이르기까지 누구나가 고민하는 자신의 성장 방향과 변화하는 조직의 운명을 좌우하는 리더의 인재상은 어떤 것인지, 그러한 수많은 질문을 소통하고 공유하는 과정에서 이 책을 쓰게 되었다. 나 자신이 전문 작가가 아니기에 필력이 부족하고 세련된 표현으로 매끄럽게 다 담아내지 못한 부분이 아쉽기는 하지만 긴 시간의 직장 생활 속에서 실제로 보고 경험한 사례나 교훈, 깨우침을 담아 소개한 내용이라고 자신있게 말할 수 있다. 무엇을 바꾸고 어떻게 나아가야 하는지, 근속 연수가 오래되지 않은 상사와의 원활한 소통, 정년을 앞둔 현장 경험이 풍부한 남자 직원을 부하로 둔 여자 상사의 교육 과정과 일 처리 방법 등 각양각색의 구체적인 사례속에서 함께 고민하며 해답을 찾아가는 이 시대 직장인들의 평범하나 공통된 고민이 될 수 있는 이야기들을 품으려 노력했다.

이 책의 내용 중에는 독자들이 아는 내용도 있을 것이고 변화하는 시대에 어떤 모습으로 일을 해야 할까, 각자가 추구하던 해답에 초점을 맞추고 찾아가는 데 힌트를 얻을 수 있는 내용도 있으리라 짐작한다. 함께 이 시대의 어려운 시기를 힘겹게 헤쳐 나가고 있는 모든 직장인들에게 조금이나마 도움이 되었으면 하는 바람이다. 부디 자신이 꿈꾸는 미래에 힘차게 도전하고 이루어지기를 온 마음을 다해 바란다. 심플하고 단순한 기본 원리 원칙을 긍정적인 마인드로 실행하며 그에 따른 몇 가지의 습관을 바꾸는 것만으로도 직장 생활은 물론 자신의 삶마저도 업그레이드 시킬 것이라 확신한다. 그리고 무엇을 하든 자신의 일을 사랑하며, 맡은 바 일에 책임을 다하는 성실한 태도로 자신의 일을 즐기는 인생을 살아가자. 그것이 최선의 삶. 자신을 가장 가치있게 만드는 일이라고 생각한다.

이 책이 세상에 나올 수 있도록 많은 도움을 주신 〈한국책쓰기강사양성협회〉의 김태광 님과 〈굿웰스북스〉의 출판사 관계자분들께 이 자리를 빌려 진심으로 감사의 인사를 드린다.

마지막으로 나의 도전을 항상 지지해주며 나에 대한 신뢰를 잃지 않는 남편과 한국에 계신 보고 싶은 어머님, 그리고 딸아이에게도 사랑하는 마음을 전한다.

2022년 따뜻한 봄날 일본 나고야에서 이주화

# 목 차

## 1장

## 일 잘하는 당신이
## 인정받지 못하는
## 이유는 따로 있다

## 2장

## 왜 스펙에서 밀리는
## 그들은 나보다
## 위에 있을까?

# 5장

**함께
일하고 싶은
사람이 되어라**

# 일 잘하는 당신이
# 인정받지 못하는
# 이유는 따로 있다

# 01

# 동료, 후배의
# 승진에 상처받을
# 여유는 없다

나는 젊은 시절, 수학이나 과학과 같은 과목보다는 음악과 패션, 언어, 미술 등에 관심이 많았다. 집안 형편이 어려워서 내가 원하는 공부는 힘들었고 학교를 졸업하면 빨리 취직해서 돈을 벌어야겠다고 생각했다. 그러던 중 우연히 일본에서 공부할 기회가 생겼고 젊은 나이의 나는 도전해 보고 싶다는 마음에 일본행 비행기를 탔다. 그로부터 30년 가까운 시간이 흐른 지금, 나는 본사가 일본 나고야 시에 있는 일본의 글로벌 기업 계열 회사에서 여러 팀을 관리하는 팀장직을 맡고 있다.

지금까지 여러 부서를 경험하면서, 다양한 업무를 담당할 기회가 내게 주어졌다. 그중에서도 나는 주로 직원들을 교육하고 훈련시키는 업무에 종사하는 시간이 많았다. 기업이 원하는 실무형 인재 양성에 긴 시간을 쏟아부었고, 동료나 후배들의 성장을 지켜보는 보람도 컸다. 물론 어느 직장인들과 다름없이 직장 생활의 스트레스에 울고 웃으며 시련과 역경을 극복하며 나름대로 치열하게 살아왔다. 여러 실패의 경험들이 나를 성장시켰고 앞으로도 매니지먼트 경험이나 직무평가 경험 등 직장 생활에서 얻은 노하우를 아낌없이 동료들과 공유하며 그들과 함께 성장해 나가고 싶다.

나에게 답답한 마음을 털어놓은 부하 직원이 있었다.
"곧 있을 인사이동 때에 후배가 저보다 유리한 위치로 옮긴다는 소식을 들었어요."

어느 회사에서도 흔한 인사이동에 관한 상담이었다. 인사이동에서는 승진하는 직원도 있고 그렇지 못해서 속상해하는 직원도 있다. 이번에 승진하는 직원도, 또 낙담하고 있는 직원도 둘 다 입사 후에 내가 교육을 담당했던 친구들이다.

누구나 직장 생활을 하다 보면 자신이 생각지도 못했던 일들이 벌어지는 경우가 많다. 이런 이야기를 꺼낸 나의 후배도 마찬가지 상황에 놓여 있었다. 그는 '그다음은 내 차례라고 생각했는데…. 왜 나의 예측이 빗나간 걸까?'라고 의아해한다. 이런 경험을 겪은 직장인들은 나의 후배뿐만

이 아니라 의외로 많은 사람이 있지 않을까 생각한다.

아무리 생각해봐도 자기보다 해박한 지식도 없어 보이고, 딱히 남다른 성과를 낸 것도 아니다. 그런 그에게 왜 그런 기회가 주어지는 걸까? 성과가 부진해서 퇴출 대상이 될 줄 알았던 사람이 어느 날 갑자기 승진하기도 하고, 누가 봐도 유능하다고 생각하는데 한직으로 밀려나는 일도 있다. 또한, 같은 일을 했는데도 어떤 사람은 좋은 평가를 받고 어떤 사람은 나쁜 평가를 받는다.

그럴 때 주로 이런 이야기도 많이 한다.
"줄을 잘 섰나 봐.", "어떤 특별한 정보를 공유받았겠지."

그러나 과연 정말 그뿐만일까? 회사 내에서 이루어지는 업무평가는 세밀하게 짜인 운영 원리와 여러 시스템에 의해 결정된다. 물론, 업무평가도 사람이 하는 일이라 감정적인 요소가 들어가는 경우도 있을 수 있다. 그러나 주요 평가 기준인 직무의 숙련성, 난이도, 문제 해결 능력, 책임감 등 기본 요소는 항상 절대적 비중을 차지하게 된다.

더 나아가서 효율적으로 일을 수행하는 업무의 질, 즉 일의 부가가치의 창출과 전문성 또한 충분히 평가 대상의 항목에 적용될 수 있으며, 목표 달성을 위한 도전과 실행력 또한 평가의 주요 기준이 되기도 한다.

이날도 나는 후배의 이야기를 들으며 마음이 아팠다. 팀원들이 좀 더 긍정적인 마인드로 여러 기회에 도전하고 싶은 마음이 스스로 생겨나면 좋을 텐데…. 또 그렇게 유도할 수 있는 내용의 업무평가 시트가 만들어지면 좋겠다고 생각했다.

모든 사람이 납득하는 평가결과란 있을 수 없다. 하지만 적어도 나의 장단점을 알기 쉽게 보여주는 업무평가 시트라면 상사와 함께 다음 도전 목표를 결정하기 쉽고, 또한 자신이 정한 목표라면 긍정적인 도전으로 연결이 될 것이다. 구체적으로 자신이 평가받는 내용이 어떤 항목인지, 자신의 강점은 무엇이고 보완점은 무엇인지, 어떤 일에 도전해야 하고 어떻게 결과를 내어야 하는지, 단지 업무 성과를 평가하는 데만 그치지 않고 목표 방향도 함께 제시하는 지침으로서의 평가 시트라면 내용도 알기 쉽고 직원들의 성장에 도움이 될 것이다. 이런 생각을 그 당시의 나의 상사에게 말씀드리고 실행해보자고 제안했다. 나의 제안을 검토해 주셨고 그 후로 사내의 업무평가 시트는 나와 동료들의 제안이 반영된 형태로 조금씩 개선되었다. 이때까지와는 다른 다양한 관점과 항목이 추가된 내용으로 변화한 업무평가 시트는 단순히 평가만을 위한 내용이 아닌 새로운 목표를 발견하는 역할로 재정의되었다.

이때로부터 10여 년이 지난 후, 변함없이 거의 매달 여러 부하 직원의 업무평가를 진행한다. 바쁜 일정 속에서 짧은 시간에도 빠르게 직원의 장단점을 파악하며 팀원과 함께 다음 목표를 설정해 나간다. 조직의 일원으로 함께 성장해온 업무평가 시트가 도움이 되고 있다. 10년 전 상사의 눈치만 보고 나와는 상관없는 일이라 아무런 행동도 하지 않았다면 아직도 과거와 똑같은 평가 시트의 내용을 마주하고 있을지도 모른다.

　가끔 어떻게 말할 용기를 내어서 상사에게 제안하는지, 실패할 수도 있고 평판이 나빠질 수도 있는데 어떻게 의사결정을 하는지 질문을 받는 경우가 있다. 살다 보면 누구나 나이 어린 사람이 나이 많은 사람에게, 회사에서는 후배가 선배에게 질문하는 게 당연하듯이. 나도 후배들이 물어오는 경우가 있다. 지금은 나이가 들었으니 특별히 용기를 안 내어도 가야 할 길이면 가는 것뿐이고, 젊었을 때는 뭣도 모르고 웅덩이에 빠져도 무조건 갔으니 나의 경험은 똑똑하지 못해 그리 도움이 되지 않을 것이라고 말한다.

　나는 항상 일이 성사될지 실패할지 모를 때는 먼저 실행을 해본다. 전제 조건은 나를 포함한 전체에게 유익하게 작용하는 일인가 하는 것이다. 그 판단이 서고 나면 해결 방안을 찾고 상사나 관계자에게 연락하고 제안해본다. 아주 단순한 이야기이다. 주어진 과제 앞에서 실패를 두려워하는 마음에 집중해서 자신을 깨끗하게 유지하려고만 한다면 그런 사람은 아무것도 할 수 없다. 실패도 할 수 없고 성과도 낼 수 없다. 실패의 기회도 생각하고 판단하는 사람만이 누리는 특권이다. 당연한 이야기이지만 아직도 모르는 후배들을 위해서 들려준다.

　어느 조직에도 빨리 승진하는 사람은 있다. 그러나 그 기회는 나에게도 반드시 있다. 조금만 더 분석하고 노력하면 지금과 많이 달라질 수 있는데 보고 있으면 안타까울 때도 많다. 요즘 시대의 기업이 원하는 문제 해결형 인재는 항상 많은 경험을 쌓고 그 속에서 문제를 넓고 깊게 바라보는 혜안을 키워나간다. 이들은 모든 문제에는 답이 있다고 생각하고 그 속에서 성공의 가능성을 본다. 반면, 이런저런 핑계를 대며 움직이려 하지 않고, 부정적이며 실패를 두려워하는 마음이 큰 사람은 기회가 왔을 때 자기의 것으로 만들지 못한다.

우리가 성장하는 과정은 개인의 능력과 노력에 따라 투자되는 기간이 다를 수 있다. 그러나 항상 지금 보이는 상황 속에서 스스로 문제점을 찾아내고 목표를 설정하고 도전하는 연습을 해야 한다. 그런 시간 속에서 지식과 경험이 쌓인다. 또 나만의 네트워크도 확장되어간다.

실패를 줄이고 원하는 목표를 달성하기 위해서는 효율적인 시간 배분도 중요하다. 그러기 위해서는 빠르게 해야 할 일과 뒤로 미루어도 괜찮은 일들을 정리하는 습관도 키워야 한다. 즉, 효율적인 목표 달성을 위해서는 효율적인 목표 관리의 훈련이 필요하다.

마지막으로 설정한 목표를 동료와 부하 직원, 상사와 공유하고 그들의 강점이 모두 동원되도록 진행할 수 있을 때 내가 원한 목표치에 가장 가깝게 갈 수 있다. 그리고 항상 경험의 종류와 숫자보다 경험의 깊이, 즉 그 경험에서 깨달은 내용 등 경험의 질에 집중하는 마인드로 임하자.

새로운 부서로 이동하거나 새로운 팀을 담당할 때, 나는 매번 이렇게 습관처럼 목표를 설정하고 실패도 하며 목표를 달성하는 과정을 반복해 왔다. 이러한 실행 과정에서 수많은 실패를 경험하고 많은 연습도 한다. 새로 맡은 팀의 역량과 가치를 높이기 위해 먼저 팀원들의 일에 대한 마인드와 그들의 장점과 단점도 분석한다. 그리고 보이기 시작하는 문제점들을 해결하기 위해 계획을 세우고 방법을 찾는다. 그렇게 목표를 세운 뒤 반드시 상황을 팀원들과 공유한다. 그리고 문제 해결을 하는 일에는 항상 직접 뛰어들어야 한다. 그렇게 꾸준한 노력과 훈련이 쌓이면 습관이 되고 좋은 습관은 크나큰 가치이자 든든한 재산이 된다.

또 이러한 경험들을 통해 습득한 실행 능력은 반복하는 과정을 통해 점점 숙련되어 나만의 원칙이 생기고 문제를 빨리 해결할 수 있는 능력이 길러진다. 그렇게 되면 업무의 경험이 풍부하지 않고 복잡하고 다양한 내용이라 하더라도 문제를 보는 나만의 관점으로 해결책을 찾아내는 전문성이 생겨난다. 이렇게 일을 하는 사람들의 공통적인 특징 중 하나가 항상 주위에 사람이 모여든다는 것이다. 상황을 통찰하는 능력이 뛰어나고 빠르게 문제를 해결하는 사람 옆에 자연스럽게 사람들이 몰려드는 것은 당연한 이치이다.


누구나 포기하지 않고 꾸준히 노력하며 나아간다면 빠르고 늦음의 차이만 있을 뿐, 항상 기회는 열려 있다고 생각한다. 절대 자기 자신에 대해 과대평가도, 과소평가도 하지 말아야 한다. 명확하게 자기의 강점을 찾고 자신의 분야를 만들어 나만의 경쟁력으로 키워나가자. 그리고 주위 사람이나 동료들의 승진과 성장을 진심으로 함께 축하해 주자. 그러면 그다음은 이렇게 준비된 당신의 차례일 것이다. 우리는 힘들고 고통스러울 때 나 자신조차도 믿지 못하고 흔들리는 경우가 있다. 내가 나를 믿지 못하면 누가 나를 믿어주겠는가. 자신을 믿고 꾸준히 행동하며 이런 성장통도 멋있게 극복했을 때, 나 자신도 몰랐던 내면의 멋진 나를 발견하게 되고 피로와 불만으로 가득했던 마음도 가벼워질 것이다. 직장 생활이 조금씩 즐거워지고 당신을 향한 주위의 시선과 평가도 달라지는 경험을 할 것이다.

## 02

# 항상 최선만
# 다하면
# 충분할까?

“지금까지 정말 수고가 많으셨습니다.”

“…”

“비록 리더의 직책에서 물러나시게 되지만 제 마음속에는 언제까지나 회사와 동료를 위해서 최선을 다해주신 훌륭한 리더로 영원히 남기겠습니다.”

정년을 맞이하는 부하 직원과 나, 그리고 나의 상사 이렇게 세 명이 이야기를 나누었다. 몇 년 전 내가 맡은 새로운 팀에 부임하자마자 내가 담당해야 하는 첫 업무였다. 관리직이었던 나에게 팀의 리더의 직책에 부하를 추천하는 일도, 지금까지 열심히 리더로서 근무해 온 직원에게 계급정년을 설명하는 일도 내가 해야 할 업무이다. 한 자리에서 우직하게 항상 변함없이 같은 업무를 수행하며 평생을 회사에 충성을 다해오신 분이셨다. 일만 하셨던 탓일까. 결혼도 뒤로 미룬 채 직장과 운동에 열정을 쏟아부으며 일상을 보내고 계셨다고 들었다.

이 팀을 담당한 지 얼마 안 되는 기간이었지만, 나는 이분의 일에 대한 전문 지식이 탁월하다고 느꼈다. 리더의 직책을 맡고 있었지만, 더 승진할 기회는 없었을까? 의문이 생겼다.

또 한 가지는 탁월한 지식을 가지고 있다는 사실에 대해서 같은 부서 내에서도 모르는 사람들도 많았다. 여러 팀원과의 면담을 통해 그가 자신의 전문 지식을 팀원의 공동 자산으로 만들지 못한 정황이 보였다. 그 때문에 어떤 일을 하고 있고, 어떤 일을 할 수 있는 사람인지 모르는 팀원들도 많은 상황이었다.

직장 생활을 하다 보면 배우고 싶었던 업무를 할 기회가 마침맞게 주어지는 때도 있고, 또 그 반대로 하기 싫은 일을 해야 하는 때도 있다. 그러나 둘 다에 분명한 것은 모든 업무 내용은 반드시 공동의 자산으로 만들어 놓아야 한다는 사실이다. 즉 누구나 쉽게 이해하고 그 업무를 수행하는 데 지장이 없도록 자료를 만들고 알아볼 수 있게 배치해야 한다. 특히 자신이 최선을 다해 좋은 성과를 낸 업무라면 더욱더 그러하다. 자신의 능력에 대한 인지도는 물론이고 주위로부터 인정받으며 업무 실행에 따른 정당한 평가를 받는다. 무엇보다 내 동료와 조직 또한 성장시키는 커다란 가치가 있기 때문이다.

"우리는 모두 여러 번 반복된 행위를 통해 만들어진다. 그러므로 '탁월함'은 단일한 행위가 아니라 일종의 습관이다."라는 아리스토텔레스의 명언처럼 습관을 통해 만든 자신의 탁월함을 표현하고 타인에게 공유함으로써 나와 전체가 한 번 더 성장하게 된다.

어느 목적지로 향하고 있는지, 어떤 방식으로 일을 하고 있는지, 무엇을 하고 있고 그렇게 해서 어떤 성과를 내었는지, 성과가 아웃풋도 되어 있지 않고, 팀원들과 공유도 되어 있지 않은 상태라면 평가의 대상이 존재하지 않는 것과 마찬가지이다. 자료로 만들지 못했다면 당신의 힘든 노력과 공들인 시간의 결과물을 상사나 동료에게 짬짬이 설명이라도 해 두어야 한다. 아무것도 보이지 않으면 나의 힘겨운 노력을 알 리가 없으며 기대를 빗나가는 저평가의 결과로 돌아올 수 있다는 사실도 생각해 보자.

소프트웨어 개발을 담당하는 부서에서 수십 년간을 각종 개발 업무에만 종사해 온 프로그래머(programmer)이자, 개발자(developer)로 활약하는 분이 계셨다. 나의 오래된 컴퓨터 스승님이다. 나의 까다로운 제안도 잘 받아주시고, 시장과 고객의 기대를 뛰어넘기 위해 언제나 적극적으로 해결 방안을 제시해 주셨다. 나는 이분의 진정성과 일에 대한 열정을 존경했다.

어느 날 그런 나의 스승님과의 소통 문제로 어려움을 겪고 있다고 마케팅 업무를 담당하시는 분께서 하시는 말씀을 들었다. 정말 의외라고 생각했다. 시장과 고객에 대한 강한 책임감으로 한평생 일하고 계시는 분이었고 게다가, 더할 나위 없이 자상한 분이셨다. 곰곰이 생각해 보면 말수가 적은 편이기는 하지만….

나는 이분의 능력과 책임감, 진정성을 더욱더 많은 사람과 함께 공유할 수 있으면 좋겠다고 생각했다. 마케팅 업무를 담당하시는 분과 이야기를 나누며 이분의 업적을 설명해 드렸다. 역시 내가 상상한 대로 매우 놀라워하시는 모습이었다. 자기의 일도 탁월하게 잘하는 사람이 만일 다른 사람이 하는 일과 연결하는 능력마저 키워나간다면, 최고의 부가가치를 창출해내는 조직의 인재가 될 수 있을 것이다. 항상 좋은 정보를 빨리 공유하고, 이해관계를 조정하고 협력해서 성과 또한 빠르게 만들어 낼 것이 틀림없기 때문이다.

어느 부서에서나 대체로 일은 잘하는 사람에게 몰리는 경향이 있다. 입사 동기이거나 직급이 같아도 실력 차이는 당연히 존재한다. 예를 들면 A 군은 스스로 알아서 능숙하게 처리하지만, B 군은 담당자나 업무량을 조정해도 어떻게 풀어나가야 할지 시작도 하지 못하는 경우가 있다.

그럴 때 나는 1:1 면담을 한다. A 군의 문제 해결에 대한 방안의 일부를 B 군에게도 공유하고 더불어 나의 노하우도 함께 공유한다. 업무 능력이나 업무량, 숙련도와 성과 창출 능력을 보고자 하는 취지가 아닌 서로의 부족한 부분을 채울 수 있는 시간을 만들기 위해서이다. 일은 시작도 중요하지만, 갈무리도 잘해야 한다.

처음에는 자신의 아이디어를 공유 당하는 느낌에 조금 꺼리는 경향도 있다. 하지만 몇 번의 거듭되는 회의 시간 속에서 서로의 실력이 함께 향상되는 것이 보이면 슬슬 마음의 문이 열린다. 그것도 당연한 것이 한 회사에 근무하는 구성원들은 같은 회사의 목표 방향과 지침을 바탕으로 움직이기에 비슷한 종류의 프로젝트에 참가하게 되기 때문이다. 과거의 프로젝트 진행 과정이나 동료 간의 의견 교환이 자신의 목표 달성에 도움이 되는 경우가 많다. 자신과 남의 약점 또한 보이기에 무엇을 개선해야 하는지 힌트를 얻고 시간도 절약된다.

자연스럽게 나의 부족한 부분을 채우게 되고 무엇보다 중요한 것은 '내가 이제까지 어떤 방식으로 일을 해왔고 자신의 팀원들에게 어떤 식으로 도움을 요청해 왔는가'를 좀 더 객관적으로 들여다볼 수 있다는 것이다. 맡은 임무에 따라 일의 난이도와 양이 어떻게 다른지, 동료들의 업무 정황을 파악하는 좋은 기회도 된다. 동료의 업무를 다음에 자신이 담당할 경우, 이렇게 습득한 정보 덕분에 하나부터 시작하지 않아도 되는 일의 효율도 배우게 될 것이다. 무엇보다 나의 약점을 인정하는 과정에서 서로가 친숙해지고 커뮤니케이션의 질이 높아진다. 그리고 어려움을 겪고 있는 동료를 돕는 것과 해결되지 못한 채 남아 있는 업무를 같이 해결하는 일이 결국 나와 팀 전체의 이득이 되는 경험을 하게 된다. 팀 전체의 업무 처리 능력이 향상된 결과로 그에 따른 보상이 주어지는 현실을 경험하게 된다.

나는 이렇게 새로운 팀을 담당할 때마다 내가 이름 지은 '멀티 협업 프로젝트'로 소통과 공유를 주제로 팀의 풍토와 마인드를 개선하는 일을 제일 먼저 추진한다. 특히 의욕적인 직원들은 옆에서 지켜보면서 자극도 받고 더욱 분발하는 모습이다. 내가 제일 흐뭇하게 느끼는 순간이다.

나는 동료들에게 늘 자신의 업무를 공유하고 이야기하고 다른 동료에게 보일 수 있도록 일하기를 조언한다. 특히 최선을 다해서 열심히 일하는 팀원일수록 그런 마음이 크다. 나 또한 20년이 넘게 직장 생활을 해왔지만, 소통과 공유, 협업의 중요성을 몰랐던 시절을 경험했다. 혼자라도 최선을 다하면 무엇이든 할 수 있다고 생각했다. 그것은 나의 팀에게 최선은 될 수 없다. 결국, 자기를 만족시키는 결과도 가져오지 못한다. 특히 급변하는 지금의 시대에 자신과 팀원의 성장을 빠르게 주도하고 대처하려면 소통과 협업이 무엇보다도 중요하다.

2020년부터 코로나로 인해 사내에 칸막이를 설치하기 시작했다. 처음에는 불투명한 재질의 칸막이로 설치되었으나 환경이 의식을 바꾸는 속도를 지배하기도 하기에 투명한 아크릴 재질의 것으로 바꾸었다. 깨끗하고 투명해서 그런지 직원들의 반응도 좋았다. 아이디어를 공유하고 일을 빨리 처리하는 데 방해되는 부분을 해결하기 위해 물리적인 것을 개선하는 것이 좋을 때도 있다. 요즘 인터넷에도 물리적인 환경개선이 의식과 역량의 성장, 발전에 관해 무시할 수 없는 부분이라는 설명이 있었다. 애플, 페이스북도 실제로 칸막이를 없애고 유효하고 과학적인 혁신이라 평가받았다. 물리적으로 거리가 멀어지면 당연히 정서적인 친근감도 낮아지게 된다. 결과적으로 동료 의식과 협업 의식이 떨어질 수도 있다. 내부의 벽도 외부의 벽도 모든 장애물이 없어지면 여러 정보와 자원들이 적재적소에 활용되어 시너지 효과를 낼 수 있을 것이다.

나의 '일하는 방식'을 항상 최선을 다하는 일에 대한 태도에 앞으로는 표현하고 공유하고 협업하는 기술을 추가하고 바꾸어 보자.

반복된 일상적인 행동이 습관을 만든다. '불확실한 미래를 확실하게 대비하는 나만의 기술과 방법'으로 긍정적인 직장 생활을 이끌어 나가리라 확신한다. 동료에게 인정받으며 자기의 일을 사랑하고 맡은 바 책임을 다하는 나로서 자리 잡게 될 것이다.

내가 좋아하는 달라이 라마의 명언이 있다.

"삶의 목표는 다른 사람과 비교해서 더 잘되는 것이 아니라 어제의 나보다 더 나아지는 것이 되어야 한다." 내가 앞으로 나아갈 방향성이 확실히 보이면 주어지는 기회도 크게 성장시킬 수 있을 것이다.

# 03

# 일 잘하는 당신이
# 인정받지 못하는
# 이유는 따로 있다

입사 후, 여러 부서에서 경험을 쌓고 사내 교육과 연수를 담당하며 강의를 하고 있을 때였다. 어느 회사나 오래 있다 보면 선배가 후배를 지도하는 강사로 활약하게 된다. 모든 교육에서 가장 중요한 코칭의 부분과 피드백 과정을 유용하게 사용하기 위해서 교육을 담당하는 멤버들과 상의해서 각종 사내 커리큘럼을 만들고 준비했다.

입사한 지 얼마 안 되는 신입사원 후배들에게는 며칠 간의 오리엔테이션 과정이 필요하다. 커리큘럼 중에는 자사 제품의 기능을 설명하는 시간도 있고, 회사의 휴가나 복지에 관련된 파트도 있다. 또 직장 생활의 에티켓이나 업무 보고 매너, 전화 예절 그리고 고객서비스(CS) 요령 등도 커리큘럼에 포함되어 있다. 그 당시에 나는 제품의 기능을 설명하는 시간이 제일 재미있었다. 나도 예절에는 별로 자신이 없었기에, 나 자신의 매너도 부족하다고 생각했던 시절이라 후배들을 교육할 수준은 아니라 생각했다. 다행히도 모든 커리큘럼은 매뉴얼이 작성되어 있기에 어떤 내용의 강의라도 무사히 마무리할 수는 있었다.

대부분의 강의는 마지막에 질문을 받는 시간이 있다. 나는 질문에 따라서 그 자리에서 대답하기보다 좀 더 조사하면 좋은 정보를 들려줄 수 있겠다 싶으면 나중에 질문자 개인에게 피드백을 따로 해주기도 하였다. 신입사원이 처음으로 가지게 된 호기심에 관해 최대한 많은 정보를 주고 싶은 마음이었다. 신입 연수가 끝나고 실제 업무가 시작되면 OJT 교육으로도 이어지기에 질문자와의 인연이 계속되기도 한다. 질문자도 처음에 잘 이해가 되면 모든 연수가 즐겁고 강의 또한, 효율적으로 진행할 수 있다. 그와 반대로 아무 질문도 하지 않는 친구도 있다. 긴장한 탓도 있겠지만 정식 업무가 시작되기 전 화기애애한 분위기에서 선배들과 친해질 수 있는 절호의 기회이기도 하다. 용기를 내어서 질문하는 습관을 기르자.


이때의 경험 덕분에 나는 2017년도에 다시 교육을 담당하는 팀으로 추천을 받고 부서 이동을 하게 되었다. 사내의 여러 종류의 연수와 진급시험, 외국어 교육 관련 등등 오랜만에 담당하는 교육 관련 업무였지만 역시 연수 내용에서는 항상 배울 점이 많았다. 초청 강사를 의뢰하는 경우는 회사 밖의 세상 이야기도 재미있었다.

이번에는 본사와 그룹 계열 회사를 포함한 영어연수 프로그램을 담당하게 되었다. 나는 사실 영어는 그렇게 훌륭하게 잘하지 못한다. 회사에서 언어 능력은 담당하고 있는 업무에 지장이 없을 정도로 구사하면 된다고 생각하는 사람이다. 그리고 언어 실력이 높다고 업무 능력 자체를 높이 평가하는 케이스는 드물다. 물론 해외 지사와 매일 영어로 업무를 진행해 나가는 일을 담당하시는 분들은 예외겠지만, 나도 일본어에 관해서는 오랜 기간 직장 생활을 한 덕분에 나름대로 불편함 없이 사용하고 있다. 나의 모국어가 일본어가 아니라 말하면 놀라기도 한다. 언어는 긴 시간을 반복해서 사용하면 저절로 늘어난다고 생각한다. 혹시 지금 일본 취업을 준비하시는 분이 있다면 나는 드라마와 노래 듣기를 권유하고 싶다. 너무 심플하고 재미없는 방법이라 조금 죄송스러우나 나의 경험담이니 단지 참고로만 하시기를 바란다. 꼭 특별하고 별다른 방법이 언어 능력 향상에 도움이 된다고 생각하지는 않는다. 어느 정도 드라마나 노래가 귀에 익숙해지면 그때 학원이나 좋은 선생님을 찾아도 좋을 듯하다.

직장에서는 일상의 언어보다 중요한 것이 '비즈니스 회화', '비즈니스 메일 쓰기'이다. 이 부분에 관해서는 회사의 업무연수 커리큘럼에 들어갈 정도로 일본에서 크고 자라난 친구들도 어려워하는 경우가 많다. 그래서 나도 수십 년간 나만의 팁들을 정리해 두었고 동료나 후배에게 공유하기도 한다. '비즈니스 전문 용어. 존경어. 겸양어' 등, 실제로 회사 생활에서 사용하는 단어들을 기록한 메모들을 언젠가 한 권의 책으로 엮어 볼까 생각 중이다. 그날이 언제가 될지는 모르지만….

특히 2020년부터 비대면 사회가 되면서 '업무 메일 쓰기', '글로 전달하는 능력'이 매우 필요해지고 있다. 이 책에도 나의 부하 직원의 '짧게 비즈니스 메일 쓰기' 이야기를 담고 있고, 언뜻 보면 '메일은 누구나 다 쓰는데 뭐가 다르지?' 하고 생각하기 쉬우나, 이 '비즈니스 메일을 잘 쓰기'가 참으로 중요하다. 그리고 비슷한 이야기가 다른 회사에서도 비일비재하다. 메일의 내용을 읽었을 때 '그래서 결론은 무슨 이야기가 하고 싶은 거지?' 이런 경험을 한 사람도 있을 것이다. 특히 관리직에 있는 상사는 한 번쯤은 겪게 된다. 이해가 잘되지 않는 메일은 상대방이 상사나 고객일 경우 당연히 그들의 시간도 빼앗는 결과가 된다. 열심히 생각해서 쓴 나의 메일이 끝까지 읽히지 않는 경우도 발생한다. 회사에서는 읽히기 쉬운 메일을 짧게 쓰는 스킬을 겸비하면 좋은 무기가 될 수도 있다.

"매일매일 아침 뉴스를 영어로 들으시고 참 대단하십니다."

"그냥 습관이 되어 버렸어요."

"습관이 되게 하는 과정이 어려운 건데, 열심히 노력하시니 저 또한 배울 점이 많습니다."

영어연수 프로그램을 담당하게 된 나를 도와주실 분이 필요했다. 이 부서에서 많은 경험을 쌓으시고 오랫동안 영어연수 프로그램 업무를 맡아오신 여성 한 분이 계셨다. 나보다 나이가 많지만, 아직도 밤낮으로 영어 공부를 열심히 하고 계셨다. 자신의 일에 대한 애정 또한 남달랐다. 5년 후쯤에 퇴직하신다는 걸로 알고 있는데, 정말 존경스러웠다. 나에게는 더없이 좋은 조언과 협조를 해주시고 영어연수 프로그램에 도움이 되는 정보도 아낌없이 주시는 분이셨다.

그런데 어느 날 이분께서 평상시에 업무에 적극적이지 못하다고 동료들이 이야기하는 것을 들었다. 누구나 다 사회생활을 하다 보면 나와 의견이 잘 맞는 사람, 그렇지 않은 사람이 있기 마련이다. 안 맞는 사람과는 점점 소통이 줄어들고 그러다 보면 솔직한 이야기를 나누지 못하고, 서로를 이해하지 못해 불만이 쌓여가기도 한다. 이분 또한 그런 경우가 아닐는지. 조금 안타까운 심정이었다.

친구 사이나 가족과 같은 오래되고 가까운 사이에서도, 소통이 줄어들면 서로가 어려운 법인데 특히 회사에서 동료와 의논할 때 말수가 적어지는 상황은 원래 소통이 부족한 힘들었던 관계였을 경우가 많다. 어렵겠지만 이런 경우에 효과적인 관계를 맺기 위해서 적극적으로 노력을 해야 한다. 서로를 잘 알아야 소통도 원활히 이루어지기 때문이다. 많은 사람이 함께하는 강좌나 회의 등에 참여하여 가까워지는 기회를 찾기보다는 일대일이나, 또는 두세 명 정도의 인원으로 실제로 접촉하면서 직접 이야기하는 시간을 가지고 풀어가는 것이 더 효율적이다. 이런 반복적인 접촉을 통해 서로의 관계성이 개선되는 경우를 많이 보아왔다.

아무래도 적은 숫자의 사람들로 구성된 대화는 깊이 이야기하고 공감 능력과 소통 능력이 향상되는 데 도움이 된다. 남에게 털어놓고 싶지 않았던 부분을 이야기하기도 하면서 점점 공유하는 내용도 많아진다. 자기 개방에 대한 두려움이 줄어들면 나도 모르는 사이에 관계 형성의 흐름이 바뀌게 된다. 그렇다고 해서 어느 날 갑자기 일대일 대화나 무리하게 일을 진행하면 아무런 반응도 얻지 못하고 역효과로 끝날 수 있다.

나는 이런 경우에 반드시 '먼저 아침 인사를 건네기'부터 항상 시작한다. 만일 리모트 근무 중이라면 간단하게 유머를 던지고 그냥 같이 한번 웃기도 한다. 그러면서 참석한 멤버를 그냥 한번 웃게 만든다. 나는 내가 웃는 걸 좋아하는 경향도 있지만 남도 웃는 모습을 좋아한다. 단지 이것만으로 접촉을 끝내도 상관없다. 당장 해결되지 않더라도 잠재적 이익이 반드시 존재하고 반복적인 접촉을 통해 긍정적인 관계가 형성될 것이다. 상호관계가 순조로워지면서 팀 전체의 관계 개선에도 큰 도움이 된다.

이렇게 때로는 개인의 소통에서 발견된 하나의 문제가 팀 전체를 성장시키는 열쇠가 되는 경우도 있다. 그리고 이러한 경험에서 얻어지는 개인의 성장도 그 가치가 매우 크다. 또 이러한 움직임은 사내에서 팀 자체의 평가도 높아진다. 특히 기술과 역량의 수준이 높은 사람들의 관계 개선이 이루어진다면 팀 전체에 돌아오는 효과가 굉장히 커지는 경험을 하게 될 것이다. 아주 단순하지만 이러한 관계의 개선만 실현되어도 지속적인 성장이 반드시 보장된다. 무엇보다도 소중한 팀원의 성공을 흐뭇하게 바라볼 수 있을 것이다.

용기가 없어서 발언도 하지 않고, 또 발표했을 때 무언가 불안하고 두려웠던 경험이 쌓여 소통이 줄어들고 그렇게 점점 아무도 알아봐주지 않았던 환경이 점점 새롭게 변화하고 문제의 해결 능력도 월등하게 나아질 것이다. 이러한 성장의 반복 과정에서 자존감이 높아지고 내가 나를 인정하는 경험들이 쌓이기 시작한다. 함께 일을 하다 보면 자기랑 잘 맞는 사람과 한 팀이 될 수도 있고, 공통점을 찾아볼 수 없는 사람과 함께 일해야 하는 경우도 있다. 그러나 중요한 한 가지는 어떤 프로젝트도 팀원들 간의 신뢰가 형성되지 않은 관계 속에서 좋은 성과를 만들어 낼 수는 없다는 것이다. 자기 나름대로 최선을 다해서 일해도 폐쇄적인 조직에서 실력 발휘를 하기가 힘든 것도 그 이유에서이다. 그래서 평상시에 잦은 접촉을 통해 자기가 하는 일이 무엇이고 다른 사람에게 어떤 도움을 줄 수 있는지 자주 설명하고 공유하는 훈련이 필요하다. 개인의 성장은 물론이고 일의 효율과 조직의 수익성이 개선된다. 일은 사람과 사람 사이에 정보 공유의 연속이기도 하다. 나의 경험과 노하우를 공유하는 습관을 기르자.

일을 잘하는 당신이 인정받지 못하고 있다면 당신 스스로 자신을 인정하는 반복적인 경험이 부족한 때문은 아닐까. 스스로 자기 자신을 먼저 칭찬해주라고 말하고 싶다. 몇 번이고 듬뿍듬뿍 열심히 일하는 나를 칭찬하고 인정해주는 습관을 기르자. 오늘부터 자신 있게 나를 드높이 인정하는 습관을 기르자.

## 04

# 10분 앞서가는
# 사람이
# 10년을 앞당긴다

미국의 철학자 에머슨은 "당신의 인생은 당신이 온종일 무슨 생각을 하는지에 달려있다.", "그 사람은 자신이 하루 동안 생각한 그 자체이다." 라고 말했다.

지금의 나를 만든 것도 또 앞으로의 나를 바꾸어 가는 것도 나 자신이다.

그렇다면 우리는 불행보다는 항상 행복한 쪽을 선택하고, 그렇게 되기 위한 긍정적인 행동과 좋은 습관을 기르는 것이 중요하다.

나와 다른 회사에 근무하는 친구로부터 저녁이나 함께 먹자고 연락이 왔다. 지금은 코로나 때문에 영상통화나 SNS를 사용하여 대화를 나누지만, 이때는 만나서 이야기를 나누는 것이 자연스러운 시절이었다.

"이 회사에 20년 가깝게 근무하고 있는데, 아직도 나에겐 한 번도 승진에 관한 이야기가 없어. 기회가 없다면 다른 회사로 옮기는 것도 생각해 봐야 할 것 같아."

갑자기 연락을 받고 오랜만에 만난 반가운 친구가 꺼낸 이야기에 나도 마음이 아팠다. 그녀의 말에 따르면 상사가 자기를 싫어하고 그래서 좀처럼 자기의 제안은 들어주지 않는 것 같다는 것이었다.

회사에서 업무를 하다 보면 일이 잘 안 풀릴 때도 있다. 상사나 선후배와 의견 대립이 있을 수도 있고 그러다 보면 자연히 소통도 줄어들기도 한다. 그러나 모든 업무는 내가 인정을 받고 있을 때, 나의 성과도 인정을 받는 경우가 많다. 나 또한 관리자가 되기 전 실무자로 일하고 있었을 당시, 상사가 업무 수행에 대해 권한을 주지 않는다고 불만을 한 적이 있었다. 지금 생각해 보면 나의 역량 부족 때문이었는데 그때는 몰랐다.

나는 지금도 상사보다 동료나 부하 직원들과 친하게 지낸다. 업무를 쉽게 맡기는 편이라 함께 의논하는 시간도 길기 때문이겠지만 웃고 농담을 즐기는 편이라 아무래도 선배나 상사보다 동료가 편한 것도 사실이다. 특히 이때 당시에는 입사 후 긴장된 하루하루를 보내고 있을 때라 더욱이 그러했다.

어떤 경우에도 정황을 빠르게 파악하고 빨리 움직이는 선배가 있었다. 일에 대한 정보나 지식도 해박하고 신뢰가 가는 사람이었다. 나도 문제에 부딪히면 그 선배에게 상담을 청하곤 했다. 같은 업무시간 동안 일을 하는데 어떻게 저렇게도 일을 잘하지? 조심스럽게 선배의 일하는 모습을 지켜보았다. 나와 다른 점이 무엇일까. 일을 대하는 태도는 어떠할까. 나는 무언가 특별한 선배만의 한 방의 처방전이 있을지도 모른다고, 그때는 그렇게도 생각했었다. 그런데 선배는 아침에 30분 먼저 출근하고 틈새 시간을 잘 활용하는 시간 컨트롤의 달인이었다. 나는 일단 좀 따라해보겠다고 결심했다. 이유는 기억나지 않지만, 척척 맡은 바 일을 해내는 선배의 일하는 습관을 조금씩 따라 하기 시작했다.

15년 전쯤의 이야기이고 이 선배와 나는 지금 각자 다른 부서에서 일하고 있으나 선배도 나도 아침 일찍 출근하는 습관은 변함이 없다. 물론 이 선배는 지금도 회사에서 승승장구하고 있다. 세계적으로 유명한 기업가나 경영인 그 외에도 성공자의 대부분이 바쁜 시간 속에서 어떻게 훌륭한 성과를 이루어내는지를 다룬 이야기는 너무도 많다. 누구에게나 공평히 주어진 24시간을 어떻게 사용하는가는 정말 중요하다.

나는 지금도 전체 업무가 시작되기 전의 아침 시간을 활용하는 루틴이 있다. 거의 매일, 제일 먼저 출근해서 문을 열고 불을 켠다. 책상을 닦고 시간이 여유로울 때는 동료나 부하 직원의 책상도 닦아 놓는다. 나의 팀에는 남자 직원이 많아서 항상 책상에 먼지가 쌓여 있는 경우가 많다. 연령대는 30대부터 60대까지 다양하지만, 한결같이 자신의 책상 위의 먼지가 깨끗해진 사실을 아무도 눈치채지 못한다. 그 모습이 나를 또 웃게 만든다. 그렇게 정리 정돈이 끝나면 하루 일정을 계획한 메모를 체크한다. 나는 보통 다음 날의 처리해야 할 일들을 그 전날 정리해서 적어놓는다. 그리고 그날의 가장 중요한 일부터 시작한다. 해야 할 일의 목록을 미리 작성해 두면 한눈에 파악하기도 쉽다. 그날의 전체 업무를 시작하기도 전에 어떨 때는 거의 반 정도의 안건을 결정하고 처리하는 때도 있다.

관련 부서와 함께 빠르게 진행하고 싶은 일이 있을 때는 업무 시작 전에 미리 메일을 보내 둔다. 상대방이 컴퓨터를 열고 메일함을 확인했을 때 내가 보낸 메일을 먼저 보게 될 가능성이 크기 때문이다. 평상시에 나는 간단하게 이메일을 보내고 전화를 주로 건다. 진전 상황이나 일의 배경 설명이 잘 전달되어 이해가 빠르며 무엇보다 시간 절약 효과가 있다. 그리고 말 속에 들어 있는 감정을 읽을 수 있어 명확한 판단을 내리기 쉬운 장점도 있다.

자투리 시간에는 주로 상사에게 전화로 업무 보고를 수시로 해둔다. 그때그때 짧게 짧게 해두는 것이 나중에 몰아서 길게 하는 설명보다 서로 간의 빠른 이해를 도와준다. 무언가를 준비하고 대비해야 하는 상황이라면 특히 상사에게도 생각을 정리하고 준비할 시간을 주어야 하기 때문이다. 특히 집중력을 가지고 신속한 의사결정을 해야 하는 안건은 서로가 공유해야 하는 정보의 양과 판단까지의 시간을 충분히 확보한다. 사전에 공유한 정보들로 인지가 잘되어 있으면 내가 원하는 방향으로 결정도 나기 쉽다. 자투리 시간을 효율적으로 활용하는 것도 업무에는 상상 이상의 많은 도움을 받을 수 있다.

"처음 담당하는 업무라 잘할 수 있을지….."
"모든 일은 다 처음이 있는 거야. 연습도 해보지 않으면 영원히 잘할 수 없어."

직장 생활에서는 실무 외에도 현장 안전 관리나, 복지 관련 등 매년 주기적으로 추진해야 하는 업무들이 있다. 'SDGs 지속가능발전목표(The Sustainable Development Goals, SDGs)를 행동 지침으로 하는 이벤트'의 기획을 우리 팀이 담당하게 되었을 때이다. 나는 과거에도 몇 번 진행한 경험도 있었고, 팀장이나 특정한 한 사람이 같은 업무를 계속 담당하는 것은 후배 양성에도 바람직하지 못하다. 평소에 자주 소통하기도 하고 이 업무를 맡아 본 경험이 없는 남자 부하 직원에게 위임하겠다고 결정했다.

실무 외에도 여러 가지 경험을 쌓는 것이 회사 생활에도 많은 도움이 되기 때문이다. 그는 좋은 기회라 도전을 해보고 싶은 마음은 있으나 자신이 없다고 털어놓았다.

일 년간의 행동 계획을 어떻게 세워야 할지, 다른 직원에게 어떻게 공유하고 또 피드백을 받아야 할지 잘 모르겠다는 내용의 상담이었다. 나는 당장 미팅을 정하고 그와 함께 문제들을 하나씩 끄집어내어 줄을 세워보았다. 문제를 빨리 해결하고 싶다면 빨리 밖으로 끄집어내어 보이게 줄을 세워야 한다. 그리고 무엇보다 제일 먼저 문제를 정리하는 대화가 필요하다.

　또 한 가지는 어떤 일이든지 자신이 직접 최종의 성공 이미지를 만들 수 있어야 빠르게 움직일 수 있다는 것이다. 작년에 진행된 프로젝트 자료의 운영 방안을 참고하며 성공 사례와 실패 사례를 분석해보고 일단 그 내용을 토대로 기초 내용 작성에 들어가기로 했다. 어느 정도 기본 틀이 잡히면 팀원에게도 공유하고 그러면서 다양한 아이디어가 모이게 되고 점점 멋있는 그림이 그려질 것이다. 모든 구성원이 함께 관심을 보이게 되면 프로젝트의 진행 과정도 전체적으로 공유될 것이다. 나 홀로 담당하는 것이 아니라 함께 진행할 수 있어야 한다. 이런 체험은 스스로 일의 주도권을 잡아가는 좋은 경험이 될 수도 있다.

　회사 생활의 근무연수가 늘어나면 업무량도 늘어난다. 업무가 점점 줄어드는 경우는 당연히 거의 드물다. 그러면서 다양한 업무를 담당하게 될 것이다. 업무량이 많아지면 많아질수록 '시간을 어떻게 사용할 것인가'가 모든 일의 효율성을 좌우한다. 그래서 시간을 컨트롤하는 습관이 매우 중요하다. 일을 잘하는 사람은 특정 업무에 너무 많이 치우치지 않고 여러 가지의 일을 병행하며 순조롭게 진행할 수 있는 능력을 키워온 사람들이다. 그렇게 불필요한 시간의 소비를 줄이는 반복되는 연습이 필요하다.

이때의 나의 부하 직원은 자투리 시간을 활용해서 틈틈이 나와 함께 일을 진행했고 지금도 시간을 소중히 하고 있다. 그런 그를 주위에서 성실한 친구라고 평가하며 그 또한 일이 즐거워졌다고 이야기했다. 즐겁게 일할 때 좋은 성과가 따르고 보람과 감동이 있기 마련이다. 팀원의 성장하는 모습은 언제봐도 감사하고 행복하다. 안 될 것으로 생각한 일도 포기하지 않고 문제를 빨리 끄집어내어 정리한 뒤에 시간을 효율적으로 사용한다면 못 해낼 일은 없다. 시간을 컨트롤하면 마음의 여유가 생기고, 업무 내용이 구체적으로 보이며 자신이 어떤 프로젝트의 어떤 성과에 기여해야 하는지, 그래서 자신이 할 일은 무엇인지 명확해진다.

이렇게 매일매일 1퍼센트씩이라도 조금씩 쌓여나간 시간의 여유로움은 자신이 생각한 것보다 훨씬 더 풍부한 여유로움을 가져다준다. 온종일 일에 쫓겨서 확인조차 하지 못했던 남겨진 메일이나 미루어둔 정보를 볼 수 있는 시간도 생겨난다. 그리고 점점 더 많은 업무를 객관적으로 관철할 수 있게 하는 능력도 키워진다. 마음의 여유가 '이때까지 보이지 않았던 것들'이 보이기 시작하며 하나씩 해결할 때 성취감과 만족감이 생기고 일이 즐거워진다. 이렇듯 자기 주도적으로 책임감을 지니고 실행하면 좋은 성과가 하나둘 쌓여간다. 그렇게 관리 감독이 필요 없는 기업이나 모든 조직, 단체가 원하는 인재로 성장하게 된다. 다른 사람보다 매일 10분을 앞서가는 것만으로도 업무의 지혜와 여유, 능력이 더 성장하리라 믿는다. 혹시 지금의 모습이 자신이 원하는 모습이 아니라면 시간을 효율적으로 사용하는 연습도 한번 시도해 보는 건 어떨까 한다. 자신의 성공적인 미래에 조금이나마 도움이 되기를 바란다.

05

# 작은 습관과 태도가
# 당신의
# 미래를 바꾼다

　나는 항상 동료 직원들에게 직접 먼저 말을 걸고, 웃는 얼굴로 인사를 한다. 안부를 묻고 업무와 직접적인 관계가 없는 이야기도 최선을 다해서 경청한다. 아주 오래된 습관이다. 요즘은 코로나 시국이라 마스크를 착용하고 서로의 표정을 알기 어려운 터라 사내 이동 중에 손을 흔들어 멀리 있는 동료에게 반가움을 표현하기도 한다.

　회사에서 내가 자주 사용하는 여자 화장실은 나의 사무실과 가장 가까운 위치에 있는 3칸 정도 규모의 화장실이다. 매일 오전, 10시 30분 정도에 청소하시는 분께서 오시지만 나는 화장실을 사용한 후에 바닥에 떨어져 있는 휴지나 머리카락 등 간단하게 청소를 하고 나온다. 특히 청소하시는 분께서 오시기 전의 오전에는 상태가 그리 좋지 않을 때도 있다. 누구나 깨끗한 환경을 좋아한다. 이렇게 1분, 2분 정도 나의 시간을 투자해서 우리 팀원들이 그날도 좋은 기분으로 하루를 시작했으면 하는 마음에서이다. 누구도 내가 아침마다 화장실 청소를 하고 있으리라 아마 상상도 하지 못할 것이다. 깨끗하게 청소된 화장실을 보면 나 또한 미소가 지어진다.

스티브 잡스는 이런 말을 남겼다.

"지금의 순간들이 언젠가는 어떻게든 연결된다는 것을 믿어야 합니다. 이것이 여러분에게 시키는 대로 따라갈 수 있는 자신감을 줄 것입니다."

나는 일의 성공은 반드시 그 일과 관련된 작업에서만이 승패가 좌우된다고는 생각하지 않는다. 물론 관련된 작업을 충실히 진행하는 과정은 중요하다. 그러나 업무에 관련된 모든 사람이 기분 좋게 일을 하는 것이 일의 효과를 높이는 데 상당히 중요한 작용을 한다. 상대를 배려하는 작은 습관과 태도, 그런 하나하나가 쌓여서 자신만의 긍정 마인드를 완성시키고, 그런 마인드로 일을 연결시키고, 사람을 연결시킨다. 당연히 좋은 관계성이 자신이 원하는 방향의 결과물을 내는 데도 많은 도움이 된다.

예를 들면 나는 내 옆자리에 앉아 있는 팀원에게도 주로 쓸데없는 농담을 자주 한다. '리모트 워크' 시대라 가까이에서 볼 수 없는 팀원들에게는 리모트 미팅으로 그날의 안부를 묻는다.

"오늘도 좋은 아침이야."

"어제는 정말 애썼어."

"당신이 아니었다면 이 일은 제대로 끝낼 수도 없었을 거야."

"어제의 발표 내용에는 배울 점이 많았어. 내가 놓치고 있었던 부분들도 있어서 정말 많은 도움이 되었어."

"앞으로의 활약도 기대하고 있어요. 그리고 나에게도 많이 가르쳐 줘."

어제의 지나간 일들에 대한 노고를 다시 한번 칭찬하고 감사하는 기회로서도 아침의 인사는 유용한 시간이다. 팀원들에게 좋은 기분으로 하루를 시작하게 하는 효과도 있겠지만 나의 감사하는 마음이 일일이 전달되는 둘도 없는 소중한 시간도 된다. 그날 팀원들의 컨디션을 미리 파악하고 전체 업무량 조절에도 또한 많은 도움이 된다.

2019년도에 담당하게 된 팀의 경우, 그 당시 팀원들의 소통이 그다지 활발하지 못했다. 요즘 시대에 많이 볼 수 있는 현대 사회의 사내 모습이었다. 쑥스러워서 인사를 잘하지 못하는 친구도 많았다. 새로운 팀을 맡을 때 항상 나는 그 팀의 분위기나 풍토를 바꾸는 작업을 제일 먼저 한다. 그 첫 번째로 동료, 부하 직원에게 아침마다 큰 소리로 인사를 한다. 처음에는 인사를 해도 메아리로 돌아오지 않을 때도 있다. 심리 테스트에서도 사람은 상대방의 제스처를 점점 따라 하게 된다고 들은 적이 있다. 처음에 쑥스러워서 인사를 못 하던 친구들도 하루 이틀 내가 먼저 말을 걸고 아침 인사를 하면 어느 날부터인가 자연스럽게 먼저 말을 걸어오기 시작한다. 사람에 따라서 시간이 길게 걸리기도 하고 또 기다렸다는 듯이 당장 웃으면서 자기의 이야기를 해오는 친구도 있다.

일주일에 한 번이나, 한 달에 한 번의 긴 시간의 미팅보다도 이렇게 짧은 인사나 하루 한 번의 짧은 대화를 나누는 시간이 나는 소중하다고 생각한다. 점진적으로 소통이 이루어지고 전혀 관심 없던 분야의 이야기에도 귀를 기울이게 된다. 서로에게 관심을 가지며 특히 1:1로 이야기하는 시간에는 자기의 생각이 잘 묻어져 나오기 때문에 무엇보다 팀원의 현재 상황을 읽을 수 있다.

이 팀에는 업무 보고든 무엇이든 간에 항상 메일을 길게 쓰는 친구가 있었다. 요즘 현대 사회에선, 특히 코로나로 인해 방문보다 메일로 의사소통이 잦아진 사내에선 메일을 활용하는 기회는 점점 더 늘어가고 있다. 그런데 의외로 비즈니스 메일 쓰기를 어려워하는 직원들을 많이 볼 수 있으며 그러다 보니 사내 연수도 많이 한다. 나 또한 과거에 강의를 들은 경험도 있으며 관리직을 맡고 난 후에는 부하 직원들을 상대로 강의를 한 적도 있다.

상황과 이유에 따라서 메일이 길어져도 크게 상관은 없다. 그러나 바쁜 회사 생활 속에서 짧고 용건이 빨리 전달되는 메일 쓰기는 이제는 업무의 중요한 스킬로도 꼽히게 되었다. 특히 관련 부서에서도 이 친구의 메일이 길다는 지적이 들어 왔고, 나는 메일을 짧게 쓰는 팁을 신속하게 전달했다. 부하 직원에게 피드백을 할 때는 '지적을 당하고 있다는 느낌이 아닌 나의 누나, 오빠, 형이나 부모로부터 부드럽게 조언을 듣고 있다.'라는 느낌이 들게 이야기하고 또 그렇게 생각하라고 말한다. 그리고 피드백 시간의 시작은 주로 재미있는 이야기로 문을 연다. 일단 웃으며 시작한다.

부하 직원의 긴장을 풀어 놓고 전달하고 싶은 내용의 대화를 시작한다. 개선 사항에 대한 인식도는 조금이라도 긍정적으로 받아들일 때 피드백 효과를 최대화할 수 있다. 상대방도 나도 시간은 황금이다. 같은 시간을 들여서 아무런 변화가 일어나지 않는 경우와 그다음 날 바로 개선되는 경우가 있다. 마음을 열고 들었느냐, 그렇지 않았냐에 따라 매우 다른 결과를 가져온다. 기대 이상으로 상대방의 이해도가 높고 짧은 시간에도 나의 전달하고 싶은 내용이 빠르게 전달되는 경우는 역시 평상시에 잦은 의사소통을 하던 직원일 경우이다. 평상시에 서로의 생각과 가치관 등을 공유하는 관계에서 피드백 또한 좋은 결과가 나오는 것은 어찌 보면 당연한 이치이다.

또 이 팀에는 나보다 나이가 많은 남자 직원분이 여러분 계셨다. 그중에 2022년에 60세를 맞이하시는 분으로, 장기근속 연차와 업무 경력의 소유자인 분이 계셨다. 긴 회사생활 속에서의 경험과 경륜으로 실무에도 강하고 자신이 하는 일을 사랑하는 분이었다. 그러다 보니 자기만의 규칙이 만들어지는 경우는 여러 회사에서도 흔히 볼 수 있다. 나는 이 팀을 담당한 지 얼마 안 되는 관리직이었고, 당연히 나의 실력으로 이분의 실무 경험은 이길 수 없다. 나는 새로운 팀을 맡을 때 항상 오랫동안 그 업무에 종사하신 분의 의견을 존중하고 또 조언을 구한다. 그것이 빠르게 팀의 가치를 창출한다고 믿고 있다.

이분은 업무에 충실하며 많은 성과를 이루어낸 경력이 있다 보니 자신만의 일하는 스타일이 생기고 자기만의 방식으로 일을 진행하는 경향이 있었다. 원래부터 말수가 적은 터라 함께 일을 하는 후배 여자 직원과도 소통이 적었다. 그렇기에 업무 공유가 신속하게 진행되지 않는 상황이 보였다. 소통이 부족한 탓에 업무의 우선순위 조정에도 영향을 미치고 있었다. 오랜 시간 같은 일에 종사하고 계셨고 지금은 팀의 리더의 역할을 담당하고 계셨다. 모든 일은 잘못된 습관이 망치는 법이다. 퇴직을 앞두신 분이었지만 나는 이분에게 '자신이 생각하고 있는 것보다 훨씬 더 능력이 있는 사람'이라고 느끼게 해주고 싶다는 마음이 들었다. 누구나 퇴직을 맞이한다. 그러나 그 순간까지 인정받고 싶고 일에 대한 열정이 식지 않는 것은 누구나 똑같은 마음이기 때문이다.

나는 나의 첫 번째 규칙인 '아침 인사말 건네기'부터 시작하고 점점 1:1 미팅에 이르기까지 이분과의 대화 시간을 늘려갔다. 그러면서 소탈한 이분의 성격과 일에 대한 신념을 알게 되었고 남들이 알고 있는 이분에 대한 인상은 단지 겉모습에 불과하다고 느꼈다.

말수가 적은 분이시기에 표현 능력이 부족했고 웃음이 적은 분이라 오해를 사기 쉬웠다. 우리는 짧지만 잦은 대화를 통해 서로에게 무엇을 협력해야 하는지, 어떤 방향으로 나아가야 하는지 하나하나 부족한 점들을 조정하기 시작했다. 그렇게 시간이 흐르고 지금은 업무의 공유, 의사소통의 문제도 조금씩 개선되었고 먼저 웃는 얼굴로 나에게 말을 걸어오기도 한다. 팀의 후배 여자 직원들도 이분께 여러 가지 업무 상담을 하기가 쉬워졌고 그분의 정상적인 활동이 이루어진 덕분에 나 또한 시간의 여유가 생겨 다른 업무에 시간을 효율적으로 사용하게 되었다. 서로서로 알게 되며 이분의 능력도 알려지고 점점 주위로부터 인정받기 시작하면서 자신감 있는 행동들이 보였다. 그 후로도 자연스럽게 의사소통이 원활해졌다. 앞으로의 남은 회사 생활과 퇴사 후의 일상까지도 멋진 자존감으로 이끌어가시기를 마음으로 응원한다.

이렇듯 조금씩, 그렇지만 꾸준히 작은 습관의 하나하나를 개선해 나간다면 지금과는 다른 자신의 미래를 경험하게 될 것으로 생각한다. 단순한 이야기이지만, 빨리 처리해야 할 문제를 미루지 않고, 업무 데스크의 정리 정돈을 잘하고, 큰 소리로 상대방이 들리도록 웃는 얼굴로 인사를 하는 등, 지금부터 하나의 작은 습관을 바꾸어 보는 연습을 시작해 보기 바란다. 타인에 대한 배려가 그 사람의 마음을 움직이게 하고 결국에는 자신이 하고자 하는 일에 생각지도 못한 긍정적인 조언이나 도움을 받게 되기도 한다. 이때까지 보아 온 동료나 후배들은 이미 출중한 능력을 보여주고 있었다. 단지 '자신의 일만 잘하는 것'과 '그 일이 잘되게 하는 것'은 조금 다른 능력을 보태야 하는 것을 모르는 것뿐이었다. 준비된 자에게만 기회가 보인다는 말도 있다. 마음껏 능력을 펼칠 수 있는 기회가 적었을 수도 있다. 좋은 기회를 놓치지 말고 내 것으로 만드는 연습을 꾸준히 해 나가자. 나도 유능한 동료들과 함께 일하는 것에 감사하며 앞으로도 함께 성장하기 위해 나의 부족한 부분을 채우는 노력을 잊지 않으려 한다.

# 06

# 모든
# 실패에는
# 이유가 있다

지금도 책 쓰는 일에 도전하고 있지만, 과거의 나 또한 여러 가지 많은 도전을 해왔던 것 같다. 특히 젊은 시절에는 열정만으로 뛰어들어 원하는 성과를 거두지 못했던 때도 많았고, 왜 그런 결과를 낳게 되었는지 알지 못했던 적도 많았다. 입사 후에 실무자로 일하고 있었던 당시에 비즈니스 일본어 능력을 키우기 위해서 통역과 번역에 관한 일들에도 도전했다.

회사 입사 전에 일본어능력시험 1급 자격증을 가지고 있었지만 실제로 직장에서 사용하는 비즈니스 일본어 능력을 키우기 위해서 나름대로 다방면으로 많은 경험을 쌓아 보고 싶었다. 그래서 '한일 간의 경제 국제회의 동시통역', '한일 기업의 경제회담' 등 경제 분야의 통역이나 미술, 의료, 스포츠 등 여러 분야의 통역도 담당해 보았다. 이런 활동을 계기로 나고야의 지역 방송국에서 한국을 소개하는 코너의 리포터를 담당해주지 않겠냐는 제안도 받았지만, 회사원이기에 많은 시간을 할애할 수는 없는 상황이라 정중히 거절했다. 그러나 이러한 도전과 경험을 통해 당시의 일본어 실력 향상에 많은 도움이 되었다.

지금도 대단하지만, 당시에는 한류 열풍의 시작으로 한국 드라마가 엄청난 인기를 끌고 있었다. 〈겨울 연가〉라고 하는 배용준 님과 최지우 님이 출연하신 드라마는 내 주위에도 모르는 사람이 없을 정도로 유명했다. 그렇게 대단히 인기 있는 드라마였기에 파친코의 소프트웨어로도 제작되었다. 제작을 담당하는 회사가 나고야에 있었고 그 회사로부터 연락이 왔다. 1차로 한글 번역된 내용이 있으나 최종 확인 의뢰를 하고 싶다는 내용이었다. 지금은 코로나와 여러 요인으로 인해 일의 방식이 변했을 수도 있으나 이때 당시에는 중요한 번역 업무의 경우는 두세 번의 과정을 거쳐 통·번역 담당자에게 의뢰하는 경우가 많았다. 수차례에 걸친 번역 과정과 점검의 과정에서 최선의 결과물을 내도록 조정한다는 의도일 것이다.

나는 회사원이기도 하였기에 주로 최종 점검 단계의 의뢰를 받는 경우가 많았다. 학생들은 주로 1차나 2차의 번역 과정을 의뢰받는다고 들은 적이 있다. 의뢰를 받는 콘텐츠는 여러 가지 종류가 있지만, 이때만큼은 정말 재밌고 신나고 자랑스러웠다. 당시의 감동을 떠올리며 다시 한번 〈겨울 연가〉라는 드라마에 감사한다.

이때 당시 한국어 강의나 강연을 하러 가면 거의 모든 분이 드라마 중에서도 〈겨울 연가〉를 많이 알고 계셨고, 파친코 겨울 연가의 소프트웨어 번역 업무에 참여했다고 이야기하며 어깨를 으쓱하곤 했다. 강의 시간 중에도 드라마 이야기로 꽃이 피고, 그 시간은 나 또한 참으로 즐거웠던 추억으로 남아 있다. 통·번역에 관한 일들은 아무래도 동경 쪽이 활발했지만 나는 회사일 때문에 출장을 갈 형편은 못 되었다. 어쩌다 가끔 회사의 휴일과 통역 일을 의뢰받은 기간의 스케줄이 맞아떨어지면 오랜만에 한국에서 오신 분들도 뵙고 이야기를 나눈다는 생각에 마음이 설레었다.

한국과 일본의 경제교류 회의에 통역사로 참석한 때 있었던 일이다.

"아, 어쩌지…. 미리 받아놓은 대본과는 너무 다른 내용으로 말씀하시는데…."

통역 내용에 관해서는 담당 측에서 미리 보내주신 자료를 검토하고 그날의 일에 임했다. 그런데 연락받은 내용과 다른 방향으로 진행되는 부분들이 있었다. 그때 당시 나는 부끄럽게도 달랑 한일사전 두어 권만을 가지고 참석한 상태였다. 도착한 자료들을 위주로 검토하고 그 외의 공부는 하지 않았기에 경제에 관련된 전문 용어의 지식이 부족했던 나는 정해진 시간 안에 모든 내용을 양측에 제대로 전달하지 못했다. 지금 생각해도 100점 만점에 40점도 줄 수 없는 부끄러운 결과였다. 이마에 땀이 송골송골 맺히고 일단 모든 내용을 정신없이 모두 필기했다.

내가 담당한 통역 시간이 끝나고도 부족했던 부분들에 대해서 보충 설명을 하기 위해서 여기저기 장내를 뛰어다니며 설명하고 있을 때였다.

그 회의에 참석하신 어떤 분께서 나에게 이런 말씀을 해주셨다.

"통역은 하나부터 열까지를 전부 다 있는 그대로 전달할 필요는 없습니다. 당신 자신이 여배우가 되었다고 생각하고 한번 진행해보세요. 당신이 이해한 내용을 자신의 언어로 새롭게 구사할 수 있을 때 이 일이 최고로 즐거워질 거예요. 그러면 최고의 통역사가 될 수도 있을 겁니다."
아주 짧은 대화였지만 아직도 나의 가슴속에 남아 있는 교훈이고 이때의 실패 경험은 나를 조금 성장시키는 데 도움이 되었다.

일에 대한 준비가 턱없이 부족한 상태도 문제지만, 하나도 빠짐없이 내용을 그대로 전달해야 한다는 일심이 여유를 잃어버리게 한 나의 모습은 보기에도 좋지 않았을 것이다. 이 일이 있고 난 후로 나는 통역에 들어가기 전 최종 단계까지 몇 번이고 내용을 검토하는 작업은 물론이고 예측하지 못하는 상황이 벌어졌을 때를 대비해서 관련 정보를 습득하는 습관이 생겼다. 본방 직전까지 시간이 남으면 필요한 정보와 단어를 조사하고, 일이 시작되면 어떤 경우에도 입가에 웃음을 잃지 않고 끝까지 진행하게 되었다. 마치 내가 여배우라도 된 것처럼 말이다. 모든 실패는 부끄럽고, 자신이 한심하게 느껴지기도 한다. 그러나 실제로 경험한 실패의 경험이 나를 성장시키는 것은 시대가 바뀌어도 변함없는 진리이다.

어떤 분야에서 성공한 사람을 보면 자신이 성공한 분야에서 얻은 지혜와 교훈을 다른 분야에도 접목시키고 자신이 얻은 교훈과 원칙을 사람들에게 아낌없이 나누어 준다.

영국의 발명가이자 사업가인 제임스 다이슨은 흡입력이 떨어지는 먼지 봉투를 제거한 청소기를 만들고 싶다는 일념으로 진공청소기를 발명한다. 그는 계속된 5,126번의 실패 끝 5,127번째에 다이슨 청소기를 발명했다. 다이슨 기업은 이 시대의 가전 업계의 '애플'이라는 칭호를 얻고 있다. 많은 사람이 그의 성공 철학에 관해 물으면 그는 몇 번이고 '실패를 추천한다.'라고 이야기한다. 그리고 인터뷰에서도 자신의 인생은 99%가 실패였다고 말한다. 실패의 이유를 제대로 분석하고 스스로 개척하여 어려운 상황 속에서 꿈을 이룬 사람은 이 세상에 너무도 많다. 성공을 이루어낸 사람들은 실패를 통해 꿈과 목표를 재정의하고 앞으로 나아가는 용기를 가진 사람들이기 때문이다. 큰 성공을 이룬 사람일수록 힘든 시련과 커다란 실패를 경험한 사례가 많다. 또 우리는 역경을 딛고 성공한 사람들에게 많은 동기 부여를 받는다.

본사의 중도 채용 사원의 사내 법무 관련 컴플라이언스의 강의를 담당했을 때의 일이다. 강의 도중 쉬는 시간이나 자유시간이 주어질 때 동료들과 함께 여러 가지 이야기를 나눈다. 그중에서도 특히 중도 채용으로 이직하시는 분들은 직장 생활의 경험도 있다 보니 옮긴 회사에서 주어진 업무 처리에 실패할 경우에 대한 두려움이나, 주어진 기회를 자신의 것으로 만들지 못하고, 인정받지 못하면 어쩌나 하는 불안함을 이야기한다. 그러나 불안한 마음이 강해서 기회를 제대로 알아보지 못하고 놓치는 경우도 많이 보았다. 그래서 나는 후배들에게 항상 이런 이야기를 한다.

"아무리 불안해도 너 자신의 한계를 네가 함부로 결정지어버려선 안 돼."

"네가 어떤 일을 잘할 수 있을지, 도전해 보지 않고 함부로 결정지어버려선 안 돼."

"너에게 소중한 기회들을 잃어버릴 수도 있기 때문이야."

공자도 이렇게 말했다. "가장 위대한 영광은 한 번도 실패하지 않음이 아니라 실패할 때마다 다시 일어서는 데에 있다." 자신을 믿고 끊임없이 앞으로 나아가자. 도전하고 이루고 싶은 목표가 생긴다는 것은 가슴 설레는 일이다. 그리고 목표를 향해 도전하는 과정에서 시련은 누구에게나 찾아올 수 있다. 그 과정이 힘든 것 또한 당연한 일이다. 그러나 힘든 순간을 이기고 끊임없이 꾸준히 목표를 향해 나아간다면 자신이 원하는 모습이 자연스럽게 이루어지는 때가 오리라고 믿는다.

성공자는 나만 생각하는 것이 아니라 주변을 함께 살피며 같이 성장해 나가는 속에서 기쁨을 느낀다. 모두의 행복을 위하는 행위가 결국 자신을 포함한 모두가 행복해지는 길이라는 것을 알고 있다. 그래서 우리는 실패담도 성공담도 주위와 공유하고 같이 성장해가야 한다. 그리고 실패나 성공의 경험을 통해 내가 얼마나 바뀌었느냐도 매우 중요하다고 생각한다. 나의 생각이 바뀌면 가치관과 행동이 바뀐다. 실패에 대한 불안감으로 자신의 능력을 의심하는 순간이 있더라도 자신을 믿고 앞으로 나아가는 훈련을 해나가자. 옛날 일을 떠올려 보면, 나 또한 20년 전에 알았더라면 지금보다 더 많은 성장의 기회를 내 것으로 만들 수 있었을지도 모른다는 생각이 든다.

# 07

# 일의 양보다
# 일의 질에
# 초점을 맞추어라

빠르게 변화하는 요즘 시대에 조직도 변화에 민첩하게 대응하고 새로운 경쟁력을 지속해서 만들어가야 한다. 매년 세우는 사내 업무 계획에도 창의적인 성과 창출을 위주로 하는 내용이 많이 들어간다. 직장 생활은 끊임없는 도전의 연속이다. 그러다 보니 매년 과거와 다른 프로젝트에 도전하고 또 새로운 기술도 습득해야 한다. 나 또한 원하든 원하지 않든 사내 이동의 경험을 통해서 그 부서의 업무 내용에 맞는 업무 계획을 세우고 그렇게 실무에 관한 지식이 늘어난 점은 부정할 수 없다. 그러나 숙련된 경험과 전문 지식으로 업무에 임하는 것보다 더 중요한 것은 창의적 사고와 멈추지 않는 꾸준한 노력과 학습이며, 이는 일의 질을 높이는 데 무엇보다 필요한 업무 스킬이다.

"요새 왠지 시간이 부족하고 할 일이 많아서…. 일 처리가 늦은 점 죄송합니다."

"괜찮으세요? 어디 건강이라도 안 좋으세요? 너무 무리하지 마시고 기한 내에 끝내지 못하겠다 싶으시면 제게 빨리 연락을 주세요. 다른 팀원에게 일을 분산시키든지 아니면 인원을 추가해서 함께 진행하실 수 있도록 도와 드리겠습니다."

해외 마케팅 업무를 담당하는 팀의 팀원이 납기 일까지 일을 마치지 못하겠다고 상담을 해왔다. 제품에 관한 솔루션을 해외 지사에 제공하는 콘텐츠를 제작하는 팀이다. 예전에는 영어로 솔루션 사이트를 작성하고 시스템의 자동번역 기능으로 각국에 발신되었는데, 요즘은 글자로 솔루션 사이트를 작성하기보다는 동영상을 제작하는 추세이다. 이 팀에서 동영상 제작을 담당하고 계신 분이었다. 나보다 연세가 많고 영상 제작의 경험도 없었기에 처음 이 업무를 맡으실 때도 많이 고민하고 주저하셨다.

시기적으로 1년간의 실적을 정리하고 결산하는 정신없이 바쁜 3월이었기에 정말 여유가 없었다. 그러나 아무리 바빠도 팀원들과 일대일 면담을 정기적으로 하고 있었다. 얼마 전에 실시한 일대일 면담에서는 별말씀이 없으셨는데 갑자기 무슨 일인지 궁금해졌다. 단지 업무에 관한 내용이라면 이분이 속해 있는 팀의 리더를 같이 불러서 이야기하는 게 시간 절약도 될 거 같았다. 먼저 상황을 파악하기 위해 1분 정도 이야기를 했고, 말을 시작하고 조금 지난 뒤 이분의 목소리가 떨리는 것이 느껴졌다. 나는 진행하던 모든 일을 중단하고 이분의 이야기를 들어야겠다고 생각했다.

반년쯤 전에 부모님께서 편찮으시다는 이야기를 들었고, 그래서 나는 재택근무로도 진행이 가능한 업무를 우선하여 배치해 드렸다. 아버님께서 암으로 입원하고 계신다는 소식을 들었었다. 이 시대, 특히 40, 50세대의 부모 봉양은 우리 누구나의 숙제이다. 나도 시부모님을 모시고 함께 생활하고 있다. 연세가 많으신 분들은 조그만 일에도 불안해하시고 가까운 곳에 자식이 함께 있어 주었으면 하신다. 그러고 보면 내가 일본에 있어서 친정엄마한테 항상 죄송스럽다. 특히 요즘은 코로나 때문에 자주 찾아가 뵙지도 못하는 불효자식이다.


일대일 면담을 시작했다. 연로하신 어머님께서 가끔 치매 초기 증상을 보이고 계신다는 것이었다. 그래서 아버님과 어머님 두 분의 병간호를 하다 보니 체력적으로 힘들고 일을 할 때 집중이 안 될 때가 많다는 이야기였다. 누구에게나 충분히 일어날 수 있는 상황이다. 이분이 가정을 꾸리셨다면 남편과 수다라도 떨며 힘든 마음을 나눌 수도 있었을지 모른다. 코로나로 외출이 힘들어지면서 더욱더 혼자만의 고독한 시간을 보내게 되었는지도 모른다.

울먹이는 목소리로 이어가는 이야기를 끝날 때까지 가만히 듣고 있었다. 나도 눈물이 나려는 걸 참았다. 회사에는 수많은 사람이 있고 그들의 다양한 이야기를 들을 수 있다. 그 경험이 언젠가 나의 경험이 될 수도 있고, 또 나의 경험이 다른 사람의 경험이 될 수도 있다. 그래서 우리는 각자의 목적을 가지고 만난 이익 집단이지만, 때로는 아픔도 함께 극복하며 나아가야 하는 가족 같은 존재일지도 모른다.

담당하는 팀의 구성원 중에 힘들고 지쳐 보이는 직원이 있으면 그 문제의 원인은 어디서 시작됐건 간에 해결 방안은 함께 찾아서 팀이 협력하여 해결해야 한다는 것이 나의 신념이다. 자신의 가장 가까운 동료를 기꺼이 도울 수 없는 자가 팀 전체나 조직을 위해 의미 있는 일을 할 수 있다고 생각하지 않는다. 가까운 사람을 소중하게 생각하지 않고 그들의 행복을 걱정하지 않는데, 더 나아가서 세상을 위해 가치 있는 일을 할 수 있다고 생각하지 않기 때문이다. 또 그런 사람이 과연 진정한 성공을 이룰 수 있을까.

일단 상황 분석부터 시작했다. 왜 일의 진척이 늦어지고 있는 건지, 어떤 점을 보완해야 해결이 나는 건지. 일을 추진하는 데 걸리는 시간 자체는 부족하지 않은 상태였다. 일의 추진 정황에 관한 이야기를 나눌 때, 여러 가지 작업 중에 어떤 것을 먼저 해야 하고 나중에 해야 할지 혼동하고 있는 모습을 보았다. 정신적인 스트레스가 요인이라고 판단했다. 그래도 해결 방법은 찾아야 한다. 몸과 마음이 지친 상태일수록 짧은 시간 동안 집중해서 효율적으로 일을 해야 한다.

　일의 중요성과 긴급성으로 나눈 목록을 만들어 드렸다. 그리고 불필요한 작업으로 보이는 내용을 전부 제거했다. 여유가 있으면 물론 해도 좋겠지만 이런 상황에서는 일의 질과 스피드에 초점을 맞추어 진행하는 것이 더 좋다. 집중해서 필요한 일을 하는 데 스피드를 내고 그것만이라도 먼저 완성해야 한다. 일단 하나라도 끝내야 자신이 맡은 일을 끝까지 완료했다는 안도감이 자존감도 지켜준다. 이런 경우 직원 대부분은 자신의 사생활이 공유되는 것은 원치 않기에 항상 리더는 배려의 마음을 잊어서는 안 된다.

　자연스럽게 일을 분산시키는 과정에서 다른 팀원들의 도움을 요청했다. 해결해야 하는 문제가 생기면 팀원들과 공유한 후 의견을 듣고 다시 한 번 재조정하는 시간을 가진다. 나의 생각을 다시 한 번 더 객관적으로 볼 수 있는 시간을 갖기 위해서이다. 바쁠수록 돌아가라는 속담도 있듯이 업무의 재분배 과정에서 바쁜 탓에 이제껏 꼼꼼하게 쌓아온 탑이 실수로 무너지는 일이 없도록 하기 위해서이다. 팀원들 또한 협업의 과정에 앞서 상황 파악과 진행 중인 업무의 조절에 여유롭게 사용할 수 있는 시간이 필요하다.

　회사생활을 하다 보면 남들과 같은 일을 하는데도 항상 주체할 수 없이 바쁜 사람이 있다. 그중에는 퀄리티를 중요시해서 몇 번이고 꼼꼼하게 체크하는 시간이 다른 사람보다 많이 걸리는 사람도 있으나, 대부분은 '담당 업무의 줄 세우기'를 잘하지 못하고 있는 경우가 많다. 과거에 나 또한 그러한 경험을 했다. 그리고 이런 경우는 주로 자신이 무엇 때문에 바쁜지, 어떤 내용의 업무 때문에 바쁜 건지, 여유가 없는 탓에 '콕' 집어서 정의하거나 스스로 자신에게 설명하지 못할 때가 많다. 도움을 받을 수 있는 선배나 마음을 털어놓고 이야기할 수 있는 상사를 평상시에 눈여겨 봐두고 이럴 때 도움을 받을 수 있도록 성숙한 인간관계를 만들어 두자.

또 바쁠 때 잘 나타나는 '긴긴 메일 쓰기 증후군'이다. 직장 생활에서 누구나 한 번쯤 비즈니스 메일 쓰기를 고민한 적이 있으리라 생각한다. 상사나 관련 부서에 부탁할 일이 있을 때, 특히 일을 성사시키고 싶고 잘 설명하려는 마음에 메일이 점점 길어진다. 젊은 시절 나 또한 긴긴 메일에 나의 모든 하고 싶은 이야기를 전부 다 담아서 송부한 기억이 있다. 이런 최악의 실수는 해서는 안 된다.

요즘 시대의 직장 생활에서는 누구나 셀 수 없이 많은 메일로 하루를 시작하고 끝낸다. 특히 상사는 하루에도 엄청난 분량의 메일을 읽어야 한다. 내용이 길어질수록 요점을 파악하기가 어렵다. 그 결과 내가 원하는 의도를 제대로 전달하지 못하고 상사의 마음을 움직이는 데 실패한다. 바쁜 현대 사회 속에서 하고 싶은 말을 제대로 전달하는 간단명료한 메일 쓰기도 연습과 훈련을 통해서 단련시키자.

"아직까지 메일을 작성하지 못해서 관련 부서에 송부하지 못하고 있습니다."

"지금까지 정리한 내용만으로도 좋으니 먼저 저에게 메일을 보내주세요."

평상시에 묵직하고 신중하게 일을 처리해 가시는 남자 직원분이시다. 관련 부서에 송부해야 할 메일이 시간이 지났는데도 움직임이 보이지 않았다. 업무도 다양하듯이 그에 따른 메일 쓰기의 형식도 다 다양하다. 지금 작성 중인 메일은 제품의 문제점을 분석해서 상부에 보고하는 내용이었다. 메일을 무조건 짧게만 쓴다고 좋은 것은 아니나, 트러블에 관한 보고 내용일 경우에 때에 따라선 내용의 정중하고 신중함보다 '얼마나 빨리 상부에 보고하느냐' 하는 스피드가 제일 중요할 경우도 있다.

그러나 이분의 경우처럼 '간단 명료하게 써주세요'라고 한 번이라도 지적을 받은 경험이 있는 사람이라면 보고할 분량을 어떤 식으로 나누고 조절해야 할지 고민을 하게 된다. 또 다른 분의 경우이나 메일의 내용이 잘 정리되지 않아 6개월 동안을 내가 대신 작성한 메일을 발신자 이름만 바꾸어서 송부시킨 부하 직원의 사례도 있다.

이렇듯 현대인들은 온종일 메일을 읽고 쓰고 송부하는 게 기본 업무라고 할 수 있을 정도로 메일을 사용해 의사소통하는 일이 잦다. 회사 내에서 사용하는 비즈니스 용어들은 개인적이고 일반적인 내용과는 다르기에 전문 용어들도 미리미리 잘 정리해 두면 바쁠 때 많은 도움이 된다. 그리고 회사마다 업무 내용이 다르고 사내 풍토도 조금씩 다르기에 자신의 회사에서 주로 사용하는 비즈니스 용어들을 눈여겨 보아두면 좋을 듯하다. 하루에 60통의 메일을 쓰는 경우에 1통을 쓰는 데 들어가는 시간을 5분 줄일 수 있다면 하루에 300분가량의 시간을 줄일 수 있다.

나도 과거의 경험상 여러 종류의 메일의 샘플을 언제라도 금방 사용할 수 있게 파일링을 해둔다. 특히 바쁠 때는 집중력 부족으로 보고 내용에 들어가야 할 필수사항이 생각나지 않아 빠트리는 경우도 있기 때문이다. 그럴 때 각 목록의 필요한 부분의 내용만 바꾸어 쓰면 되도록 메일의 샘플을 준비해 두면 작성하기 쉽다. 나만의 포맷을 사용하며 기본 필수사항들이 빠짐없이 들어갔는지 재확인도 동시에 진행할 수 있다. 메일의 샘플을 미리 준비해두는 단순한 대책이지만 내용을 정리하지 못하거나 망설이는 시간이 줄어들고 일의 효율도 높아진다.

같은 일을 하는데도 누구는 여유롭고 누구는 매일 바쁘다고 한다.

일의 질에 초점을 맞추면 그 일을 보는 관점도 달라진다. 집중도가 높아지고 일의 퀄리티도 당연히 높아진다. 일의 질에 초점을 맞추는 과정을 지속해서 반복함으로써 나만의 노하우를 터득하게 되고 최종의 성과 목표까지 빠르게 도달하게 된다. 지금은 팀원들에게 비즈니스 메일 쓰기를 지도하고 있지만, 일본에 처음 도착했을 때 나는 슈퍼에서 바나나를 살 때도 일본어를 제대로 할 줄 몰라서 몸짓이나 각종 제스쳐로 내 의사를 표현하곤 했었다. 끊임없이 자신의 부족한 부분을 파악하고 강화해 나가야 한다. 기술을 습득하고 몸에 익히며 목표를 향해 구체적인 작은 것부터 차근차근 실력을 쌓아가자. 노력하면 무엇이든 못 이루어 낼 것은 없다.

## 2장

왜 스펙에서 밀리는
그들은 나보다
위에 있을까?

# 01

# 준비된 사람만이
# 기회를
# 알아본다

윈스턴 처칠은 이렇게 말했다. "성공이란 열정을 잃지 않고 실패를 거듭할 수 있는 능력이다.", "절박함으로 행동하라." 세계의 정세나 환경의 변화도 빠르다 보니 요즘 기업은 몇 년 앞의 정황도 내다보기가 어렵다. 그러다 보니 조직의 비전과 목표가 구체적으로 각 구성원에게 잘 전달되지 못하는 경우도 많다. 하지만 이럴 때일수록 나의 안목을 키우고 어떤 가치를 보고 달려 갈 것인지 방향을 정하고 나의 역량을 키워가며 제대로 판단을 내려야 더 많은 성장의 기회도 내 것으로 만들 수 있다.

직장 생활 초년기에 나는 '나의 업무'에만 흠뻑 빠져서 주위를 돌아볼 여유도 없었다. 내가 맡은 업무를 완수하는 것이 무엇보다 중요했다. 그

때는 일을 혼자서 잘하려고 애썼었다. 일을 잘하는 상사와 선배들의 힘을 빌리는 법도 몰랐다. 그리고 자신을 위한 공부 시간을 어떻게 늘리고 만들어야 하는지도 모르고 무조건 앞만 보고 일만 했던 것 같다.

2006년도에 일본 국내 마케팅과 솔루션을 담당하는 부서에서 일하고 있었다. 비즈니스 일본어 능력 향상에도 많은 도움이 되었고 무엇보다 시장과 고객의 반응을 통해 제품의 기능과 성능을 폭넓게 이해할 수 있었다. 고객의 피드백을 모두 분석하고 중요하다고 판단되는 내용은 리포트로 작성해서 관련 부서와 상부에 보고하는 업무였다. 각각의 부서에서 올라온 제품 개선에 관한 내용은 긴급성과 중요성의 순위로 선별되어 다음 제품 생산에 반영시키게 된다. 나는 이때 담당했던 업무가 지금까지 담당한 일 중에 제일 바빴던 시절이었다고 기억하고 있다. 그만큼 이 부서에서의 경험들이 나의 성장에 커다란 밑거름이 되었다.


이때 당시 나는 팀의 리더의 직책을 맡고 있었고 나의 팀의 구성 인원은 열다섯 명 정도로 늘어나기도 하고 줄어들 때도 있었다. 컴퓨터와 자사 프린터를 접속해서 사용할 시의 문제점에 대해서 다양한 솔루션을 제공하는 고객 상담 센터의 업무를 담당하고 있었다.

나는 팀의 리더로서 직원들이 해결하지 못한 문제를 분석하고 사용자의 정황을 좀 더 구체적으로 알기 위해서 고객에게 직접 연락을 드리는 때도 있었다. 물론 해결 방안을 찾지 못하고 고객과의 소통을 힘들어하는 직원을 위해서 대신 연락을 드리는 때도 있다. 어떤 경우이든 나는 최선을 다해서 고객과 소통을 했고, 단 한 사람의 고객이 겪고 있는 문제라도 정중하게 응대하고 반드시 해결하도록 팀원에게도 지시했다. 고객의 소중함도 소중함이지만 고객의 문제 속에 다음 제품 기획의 힌트가 감추어져 있기 때문이다. 팀의 멤버들 또한 출중한 기술력을 가지고 있다. 그런 그들이 해결하지 못하는 문제란 '다음 출시할 제품의 강점'으로 이어질 가능성이 크다.

고객과의 소통에서 내가 제일 중요시하는 것은 '고객의 생각'이다. 고객의 생각을 듣고 있으면 고객이 무엇이 불만이었고 자사 프린터를 어떻게 사용하고 싶어 하는지 보인다.

모든 솔루션의 정답은 고객이 만족하였을 때이다. 고객이 만족하였을 때에 비로소 모든 솔루션의 역할은 그 의미가 인정받는 것이다. 100%의 검증 결과로 제시된 문제의 해결 방안이라 할지라도 고객이 가지고 있는 문제가 해결되지 못하면 의미가 없다.

그리고 또 하나는 내가 몸담은 회사가 욕을 먹지 않도록 최선을 다해서 문제를 해결하는 것 또한 당연한 마인드이다. 내가 전화상이나 메일로 고객과 이야기할 때 회사 이름을 말하지 않는가. 그럼 그 순간 나는 나의 회사의 대표인 것이다. 고객과의 소통은 첫째도 '친절', 둘째도 '친절', 셋째도 '친절'이다.

짧은 시간에 정확히 고객의 문제점을 분석하기 위해서는 '내가 무엇을 도와 드리고 어떻게 해결할 수 있을지' 상대방의 이야기를 경청하는 기본적인 자세가 필요하다. 상대방의 편에 서서 함께 문제를 바라보지 않으면 '본질적인 정확한 해답'은 보이지 않기 때문이다. 빨리 문제점을 찾고 해결하는 것이 제일 중요하다. '친절'의 마인드가 상대의 이야기를 듣게 하는 귀를 열게 한다. '자신의 문제는 아직 해결되지 않았다'라고 생각하는 고객은 수차례 문의를 해오고, 담당자는 '아직도 무엇이 해결되지 않았나?' 하고 감을 잡을 수 없는 상황이 종종 발생하는 경우도 있다. 서로 계속 똑같은 이야기만 반복하다 지쳐버린다.

수차례에 걸쳐 같은 종류의 문제로 연락을 해오는 고객을 '단지 불만을 이야기하는 고객'이라고 단정 지어버리는 순간, 영원히 해결책은 찾지 못하게 된다. 고객도 지치고 고객과의 소통으로 얻을 수 있는 나의 배움 또한 여기서 끝이다. 특히 같은 문제로 몇 번이나 연락을 해오는 고객은 까다롭거나 상대하기 힘들다. 어려운 문제가 해결되지 않고 있다고 판단하고 지레 겁을 먹게 된다. 그렇게 되면 고객과 함께 찾아야 하는 문제의 첫 단추가 잘못 끼워지고 고객의 자사 프린터와 자사 전체에 대한 신뢰마저 잃어버리게 된다.

자기가 고민하던 문제가 해결되는 순간 거의 모든 고객은 180도로 태도가 바뀐다. 그 당시에도 감사의 손편지를 보내오신 분도 계셨고 과자 종류의 선물을 보내주신 분도 계셨다. 어떤 손님은 직원에게 바로 나를 연결해 달라고 말씀하시는 분도 계셨다. 그때 당시 나는 상담사의 고객

응대 지원과 상담 역량 평가 등의 관리, 모니터링과 코칭, 그리고 통화 서비스 품질 향상을 위한 교육 강사도 담당하고 있었기에 고객들과 잦은 소통은 힘들었다. 그러나 그런 말을 직원에게서 듣게 되면 기뻤다. 나를 기억해주고 계셨구나. 직원과의 통화 내용을 확인하고 지금도 자사 프린터를 잘 사용하시고 계시구나 싶어 흐뭇하기도 했다. '친절'과 '배려'의 마인드는 모든 업무의 가장 중요한 기본기라고 생각한다. 직장 생활뿐만 아니라 행복한 삶을 살아가기 위한 '생활의 기본기'이기도 하겠다.

"혹시 자네가 크리스마스 선물을 사서 집으로 들고 들어간다고 한번 생각해 보게. 자네는 너무나 기쁜 마음으로 귀가했을 거네. 집에 도착하자마자 박스를 열고 기대에 찬 마음으로 자신이 구매한 제품을 확인해 보겠지. 그런데 말이야 그 제품이 잘 움직이지 않고 또 작동하지 않는다면 자네의 기분은 어떨 것 같은가. 아마 화가 나고 기대한 만큼 속도 상할 거야. 우리 제품을 사용하시는 고객들도 같은 마음이라네. 고객과의 소통은 제품의 성능을 알려드리는 일보다 고객의 다친 마음을 감싸 안아주는 거라네."

나는 이 부서에서 많은 교훈을 얻었고 그 교훈을 바탕으로 많은 리더와 후배를 양성했다. 그때마다 예전에 나의 상사가 나에게 들려준 이 이야기를 전했고, 지금도 후배들에게 교육할 때 지식, 기술, 능력도 중요하지만 '친절과 배려, 겸손의 기본 마인드'를 가장 중요하게 강조한다. IT

기술이 눈부시게 발달하고 시스템이 고도화되었지만, 회사에서도 우리의 일반 생활에서도 기본을 제대로 배운 사람이 삶을 윤택하게 하고 또 일에서도 보람을 찾을 수 있는 것 같다.

　이 부서에는 나와 연령대가 비슷한 여자분의 리더가 계셨다. 우리는 주로 미용실 정보를 많이 교환했다. 이유는 내가 젊었을 때부터 흰머리가 많았고 자주 염색을 해야 했기 때문이다. 요즈음은 '11분 컷트' 미용실 등 짧은 시간에 이용이 가능한 미용실도 많다. 그러나 이때 당시의 미용실은 한번 가면 한두 시간가량의 시간이 소용되었다. 우리는 서로의 업무량을 잘 알고 있었기에 조금이라도 시간 단축이 된다면 하는 의미에서 실력이 좋고 시간이 오래 걸리지 않는 미용실의 정보를 제일 먼저 서로에게 공유했다. 그러던 어느 날 내가 미용실 정보의 이야기 도중에 "우리 팀원 중에 A 씨를 리더 직책에 추천해 보려는데 어떻게 생각해?"라고 그녀에게 물었다. "그분은 문제 해결에 걸리는 시간이 굉장히 길다고 들었는데 왜 하필 그분이야?"라고 그녀가 대답했다.

　내가 추천하려고 마음속으로 정하고 있었던 분은 실제로 기술적 측면에서는 상담 시간과 문제 해결에 많은 시간이 걸리는 경향이 있었다. 나의 상사 또한 같은 견해를 가지고 계셨기에 망설였던 나는 미용실 친구인 그녀의 의견도 들어보고 싶었다. 문제 해결에 시간이 걸리는 문제는 지식의 습득으로 해결될 것으로 판단했다. 나는 무엇보다 그분의 고객

중심의 응대 마인드가 좋았다. 그리고 긴 시간을 지켜봐도 꾸준히 변함이 없었다. 그렇게 리더 직위에 오르신 후 그분은 지금도 부하와 동료, 관련 부서에서 가장 신뢰받는 리더의 한 분으로 활약하고 계신다. 그분은 내게 이렇게 말했다.

"모든 사람이 나의 업무 진척이 늦다고 지적받고 있을 때 상사님만이 저를 믿고 항상 응원해 주셨어요. 저의 어떤 점이 이런 평가를 받았나요."

나는 이렇게 말했다.

"당신의 친절과 배려의 마인드가 누구보다도 이미 준비된 리더이셨습니다."

지금도 이분은 다른 부서에서 일하는 나에게 매년 해마다 신년 인사와 본가댁이 있는 가나가와현에 다녀오시면 항상 귀여운 선물을 사서 오신다. 변함이 없으신 분이다.


때로는 예전에 함께 일했던 부하 직원이 가끔 풀리지 않는 문제로 지금도 상담을 해오기도 한다. 이제는 리더의 직책을 맡고 있으며 고민해야 하는 문제의 내용도 예전과는 달라 보여 성장한 모습이 뿌듯하다. 어떤 문제라도 어떻게 바라보느냐에 따라 위기도 되고 기회도 된다. 항상 맡은바 업무에 대해 고민하고 더 나은 솔루션을 찾기 위해 노력해야 한다. 그리고 팀원들과의 연결과 공유도 잊지 말자. 지금의 위치에서 기본적으로 지켜야 할 것들을 우선하여 최선을 다해서 꾸준히 노력해나가자. 그러면 기회를 알아보는 내 역량과 안목이 길러질 것이다. 기회는 항상 나의 옆에 있으나 나는 그 기회를 못 알아보는 게 문제이다.

도산 안창호 선생님은 이런 명언을 남기셨다.

"흔히 사람들은 기회를 기다리고 있지만, 기회는 기다리는 사람에게 잡히지 않는 법이다.

우리는 기회를 기다리는 사람이 되기 전에 먼저 기회를 얻을 수 있는 실력을 갖춰야 한다.

자신의 일에 더 열중하는 사람이 되어야 한다."

# 02

# 늘
# 칭찬을
# 아끼지 마라

'하루에 세 번 이상 감사하다고 말하기'는 매년 나의 업무 목표에 들어가 있다. 물론 현재의 2021년도 행동 목표에도 들어가 있다. 새삼스럽게 '칭찬'이라는 단어를 쓰고 이야기하려고 하니, 이 행위는 정말 기나긴 시간을 함께 보내온 사회생활의 동지와 같다는 생각이 들어 뭉클해진다. 이 지구에 '칭찬'이라는 행위가 존재하는 자체를 축복하고 싶다.

독일의 작가 괴테의 명언에 이런 말이 있다. "사람은 남을 칭찬함으로써 자기가 낮아지는 것이 아니다. 도리어 자신을 상대방과 같은 위치에 놓는 것이 된다." 그렇다. 남의 좋은 점을 발견할 줄 알아야 한다. 그리고 당연히 동료와 부하를 아낌없이 듬뿍 칭찬할 줄도 알아야 한다. 칭찬은 상사도 부하도 스스로 일을 하게 만드는 마법의 언어와도 같다. 직장 생활 최대의 무기이다.

회의에서 처음 보는 상대방이라도 나는 그 사람의 좋은 점, 칭찬할 점을 반드시 회의 중에 하나 이상은 찾으려는 습관이 있다. 상대방을 칭찬할 때 자신의 기분도 좋아지는 경험을 한 적이 있을 것이다. 칭찬할 때의 마음은 진정이어야 한다. 칭찬을 받는 사람은 상대가 말로만 하는 칭찬인지 마음이 담긴 칭찬인지 알기 때문이다. 또한, '칭찬'은 모든 부정적인 분위기를 빨리 긍정적으로 바꾸는 방법이기도 하다.

나의 팀으로 이동해 오는 남자 직원이 한 분 계셨다.

"몸이 불편하셔서 한 달 정도 쉬었지만 예전의 업무 경력을 보면 충분히 일을 잘하실 수 있으신데 5년 후에 정년을 맞이하는 연령대라 업무를 외우고 수행 하는데 조금 어려움이 있을 수 있어. 예를 들자면 새로운 지식을 습득하는 게 좀 느리다든지, 특정 자료를 만드는 데 시간이 좀 많이 걸릴 수도 있어."

그렇게 상사가 내게 말했다.

"그러시군요..."라고 나는 답했고,

상사는 또 덧붙였다.

"프로젝트를 진행하는데 혹시 문제가 조금이라도 생기면 내가 책임질 께. 언제라도 당장 알려줘."

그렇게 나는 자신 있게 교육하겠다는 다짐도 하지 못한 채로 그분을 맞이했다.

내가 담당하는 팀의 인원 조정이 필요해서 다른 부서에서 이동이 가능한 직원을 확보해야 했고 상사가 나에게 말을 꺼낸 '5년 후에 정년을 맞이하는 남자 직원'은 내가 이전에 개발 업무를 담당한 팀에서 함께 일을 한 경험이 있는 분이었다. 이 해에 새로운 프로젝트를 담당할 계획 중이었던 나는 다시 함께 일하고 싶은 마음도 있었지만, 지금의 몸 상태로 만일 무리하게 되면 정신적인 피로까지 겹치지 않을까 염려되었다. 그러면 당연히 프로젝트에도 지장을 줄 수 있겠지만, 무엇보다 이동 후의 실패가 모티베이션에 영향을 미치지 않을까 걱정이 되었다. 나는 선택을 해야 했고, 상사는 이분께서 나의 팀으로 합류하고 싶다는 의향을 표현했다는 이야기를 덧붙였다. 나는 여러 정황을 짐작하고 'YES'라고 말씀드렸다. 어쩌면 내가 거절할 수 없는 상황인지 모른다고 추측했다.

"나는 할 수 있어! 나는 잘할 수 있어!
나는 항상 잘 해왔어! 그래서 이번에도 문제없어!"

나는 상대방에게도 칭찬과 격려를 아끼지 않지만 나 자신에게도 이렇게 항상 성공의 주문을 건다. 내가 나를 믿을 때, 긍정적이고 열정적인 파워가 생겨나고 상대방에게도 긍정의 힘을 나누어 줄 수 있다. 우리 팀에 처음 출근하는 날짜가 정해졌고, 나는 꽃을 주문했다. 그리고 이동해

오는 그분의 책상 위를 깨끗이 닦은 뒤에 꽃을 올려놓았다. '오랜만이에요. 격하게 환영합니다! 우리 다시 같은 크루에서 더 잘 해봐요.'라는 메시지 카드와 함께.

누구나 새로운 부서로 이동할 때는 불안한 마음이 생기는 법이다. 어떤 이유에서든 혹시 나를 반겨주지 않으면 어쩌지, 새로 합류하는 팀원들과 잘 지낼 수 있을까 하고 걱정하는 것이 당연하다. 나는 누구에게나 이동 첫날에는 하루 종일 농담을 던진다. 실컷 웃고 일은 그다음 날부터 일을 배워도 충분하다. 어차피 오늘 이동해 온 사람이 하루 늦는다고 업무에 큰 지장이 생기지 않는다.

"꽃을 사서 환영 축제를 해주는 상사는 이제까지 한 명도 없었습니다. 정말 예쁜 꽃이네요. 시들지 않게 소중히 관리하겠습니다." 이 말을 듣고 나 또한 기뻤다. 상대의 기쁨이 곧 나의 기쁨인 것이다. 그리고 이 광경을 바라보는 동료들도 다들 웃으며 기뻐했고 자연스럽게 서로 간의 대화가 시작되었다. 우리 팀에 합류 성공!

나는 일에 대한 신념과 철학이 있다. 그중의 하나가 '나의 팀에서 일한 기간은 즐거웠다.'라고 동료나 후배가 이야기하는 팀을 만드는 상사가 되는 것이다. 그것이 나의 미션이기도 하다. 그 과정은 항상 순탄하지만은 않다. 때로는 상사와 싸움도 해야 하고 때로는 말 안 듣는 부하 직원을 하염없이 훈련도 시켜야 한다. 돌아보면 수십 년간을 수백 명이 넘는 직원들과 함께하는 동안 정말 다양한 추억들이 있었던 것 같다. 함께 일했던 한 사람 한 사람의 스토리가 나의 소중한 재산이다.

과거에 리더직 연수에 참여했을 때의 일이다. 사내 연수였고 담당하는 강사는 내 예쁜 여자 후배였다. 지금은 코로나로 연수도 많이 줄었지만, 과거에는 사내뿐만 아니라 사외 연수도 많았다. 사내 연수는 사내 기획 팀에서 기획하고 강사도 직원이 직접 담당하는 경우가 많았다. 이번 연수는 내 후배가 퍼실리테이터와 강사를 담당한다. 앞에서 이야기할 때 떨리지 않게 내가 맨 앞에 앉아서 힘차게 즐거운 리액션을 해주리라 하고 마음속으로 생각하고 임했다.

'칭찬과 감사 인사'에 관한 내용이 오늘의 테마였다. 부하나 동료 직원에게 더 활발히 감사 인사와 칭찬을 나누자는 아주 훌륭한 내용이었다. 배울 점도 많았고 언제까지나 후배라고만 생각했었는데 앞으로는 내가 더 배워야겠다 싶을 정도로 준비한 내용이 훌륭했다.

워크 시간이 왔고 오늘의 주제는 '2분 안에 자기 팀 팀원들의 장점을 한 개 이상씩 적어서 공유하기'였다. 연수에 참석한 인원은 16명 정도였다. 빨리 쓴 사람부터 손을 들어서 발표하는 형식이었다. 운 좋게도 내가 일등이었다. 그때 내 팀의 인원이 15명 정도였던 걸로 기억한다. 아직 다 못 쓴 사람도 있었다. 나는 빨리 쓴다고 내가 쓴 글도 잘 읽을 수 없는 메모를 보면서 발표를 시작했다. 웃음바다가 되었다. 퍼실리테이터 겸 강연 담당이었던 후배가 이렇게 말했다.

"발표 정말 잘 들었습니다. 저는 과거에 이 상사에게 칭찬을 들을 때가 왠지 기쁘고 제일 기분이 좋았습니다. 여러분은 그런 경험이 있으세요? 이 선배님이 해주시는 칭찬은 말 속에서 마음이 느껴져서 좋아요. 형식적인 칭찬이 아니라는 게 느껴져요. 그리고 또 한 가지는 내가 칭찬받고 싶은 포인트를 칭찬해주셔서 기뻐요. 옛날에도 그랬어요. 그래서 업무도 바쁘신데 이런 사소한 작은 일들을 어떻게 기억하고 계셨다가 피드백 해주시는지 그것도 기뻤어요."

나는 알지 못하게 눈에 보이지 않게 일을 해 왔다고 생각했는데, 갑자기 후배에게 '서프라이즈' 행사 같은 이런 감사 인사를 받으니 갑자기 코끝이 찡해졌다. 아마 그녀의 입사 후 얼마 안 된 시절의 이야기라서 기억에 오래 남아 있는지 모르겠다. 그리고 웃음으로 감추었다.

'칭찬'을 하는 일은 어찌 보면 참으로 단순한 작업의 반복이다. 말을 만드는 게 아니라 상대방의 좋은 점을 보는 것이다. 말을 만들면 몇 번 하고 나면 끝인데 사람의 좋은 점은 사람이 성장하기에 계속 찾을 수가 있다. 서로가 감사의 메시지를 주고받도록 하는 사내 칭찬 제도도 있다. 어렵지 않게 시도할 수 있고 기대 이상의 효과를 불러오기도 한다. 칭찬과 감사 인사 한마디가 불러일으키는 감동은 팀의 경직된 분위기를 이완시키기도 한다. "따뜻한 말 한마디로 천 냥 빚도 갚는다."라고 했다. 마음속에만 간직했던 감사의 마음이 있다면 소소한 칭찬을 표현해 보면 어떨까 싶다. 다른 사람을 칭찬하면 당신에게도 그 칭찬이 돌아온다. 그리고 칭찬은 앞에서도 하지만 뒤에서도 하라고 조언해주고 싶다. 다른 사람을 통해 자신이 칭찬받고 있다는 사실을 알게 되었을 때 기쁨이 배가 될 것이다. 실제로 칭찬이 힘이 된다는 말을 많이 듣는다. 마음의 치유가 되고 또 더욱더 일을 열심히 해야겠다고 생각한다는 말도 듣는다. 특히 미래의 상사가 될 여러분들은 직원에게 듬뿍듬뿍 칭찬하는 것을 잊지 말자.

데일 카네기(Dale Carnegie)의 명언을 되새겨 보자.

"우리는 누구나 잘못을 저지르기 쉽다. 아홉 가지의 잘못을 찾아 꾸짖는 것보다는 단 한 가지의 잘한 일을 발견하여 칭찬해주는 것이 그 사람을 올바르게 인도하는 데 큰 힘이 될 수 있다."

# 03

# 자신의 일을
# 사랑하는 마음이
# 부족한 이유

일본 국내 시장의 마케팅 업무를 담당하고 있던 때의 이야기이다. 매일매일 고객의 피드백 내용을 분석하고 최선의 솔루션을 제공하기 위해서 자사 프린터 사용 정황에 관한 데이터를 분석하는 일이 주된 업무 중의 하나였다. 타사 제품의 성능과 기능을 조사해서 체크해보기도 하고 자사 프린터의 강점은 무엇인가 늘 분석했다. 경쟁 회사보다 더 빨리 좋은 제품을 세상에 내기 위해서는 제품을 사용하는 고객들의 '니즈'를 분석하는 일은 무엇보다 중요하다. 그리고 대리점들과의 소통도 필요하다. 고장이 난 제품이 있는 곳에 직접 가서 고객의 제품 사용 상태를 확인하고 온 서비스맨의 보고 자료를 통해 트러블의 결정적 원인을 분석하고,

또한 다음 제품 설계의 피드백으로 이어진다. 바쁜 탓도 있었겠지만, 당시 리더 직책을 맡은 지 얼마가 되지 않았던 나는 내가 하는 일을 사랑하는 마음이나 특별한 열정 같은 것은 느끼지 못했다. 그런 나의 생각을 바꾸는 계기가 있었다.

당시 대부분의 프린터 사용 환경은 'macOS' 또는 'Windows' 환경이 보편적이었다.

"리눅스(Linux) 환경에서 프린터를 사용하시는 분께서 인쇄가 되지 않는다고 그러시는데 어쩌죠?"

"리눅스(Linux)? 그게 뭐야?"

리눅스(Linux) 환경에서 자사 프린터로 인쇄가 되지 않는다는 고객의 질문이었다. 일단 내용을 들어봐야 했다. 나도 지식이 없는 상태지만 당시 사용 수요도 적었기에 접할 기회도 없고 미리 준비된 솔루션도 없었다. 그래서 상담사의 고객 응대 지원을 도와줄 수가 없었다. 하지만 나도 잘 모르는 상태로, 나의 부하 직원을 이대로 곤경에 처하게 할 수 없었다. 해결하든 못 하든 그건 나중의 문제다. 내가 일단 직접 정황을 들어봐야겠다는 생각이 들었다.

병원을 운영하시는 원장님이셨다. 병원에서 사용하는 애플리케이션을 리눅스 환경에서 사용하고 싶으나 불편을 겪고 있다는 내용이었다. 생소한 전문 용어들이 많아서 이야기를 듣고 있어도 무슨 내용인지 도통 알수가 없었다. 이제껏 어떤 내용의 문제도 빠르면 2분 늦어도 10분 안에 판단과 지시를 하는 편이었다. 물론 따로 조사해야 할 안건은 별개이지만. 문제 해결에 팀원이 지치지 않게 최대한 빠른 판단을 내리기 위해서 나름 밤낮으로 공부를 했었다.

"오늘 이후로 리눅스(Linux) 환경에 관련된 트러블은 모두 나한테 연결시켜줘."

나도 모르는데 어떻게 상담사의 고객 응대 지원을 도와줄 수 있겠는가. 그리고 그날 나는 리눅스(Linux) 환경에 관련된 문의가 과거에 어느 정도 있었는지 조사했다. 적은 숫자의 결과였으나 자사 프린터를 사용하고 불편을 겪고 있음은 틀림없는 사실이다. 상사에게 보고하고 양해를 구했다. 기본 업무와 병행하며 시간이 걸리더라도 이 문제를 해결해야겠다고 생각했다. 솔루션을 정비할 필요가 있다고 판단했고 개발팀에 협력을 요청했다.

또 하나의 문제는 나의 지식이 너무 부족했다는 것이다. 설명하든 회의를 하든, 내용을 이해는 할 수 있는 정도의 수준이어야 한다. 특히 고객의 문제를 해결하기 위해서는 고객 이상의 지식도 필요하다. 퇴근 후에 일단 관련 서적을 전부 다 구매했다.

'Ubuntu', 'Fedora', 'Centos' 등 처음 보는 생소한 단어와 디스트리뷰션(distribution) 등의 전문 용어부터 외우기 시작했다. 고객과의 대화 내용을 몇 번이고 모니터링하면서 점점 내용을 이해해 갔다. 휴일에도 리눅스(Linux)를 사용해보고, 모르는 점은 정리해 두었다가 개발팀에 질문하고 또 배우고 외우고를 반복했다. "서당 개 3년이면 풍월을 읊는다."라고 했던가.

조금씩 꾸준히 공부해 나간 결과 개발팀의 조력을 받으며 리눅스(Linux) 환경에서 일어나는 트러블에 대응해 나갈 수 있게 되었다. 고객의 문제에 관한 해결 속도도 점점 빨라졌다. 예전에 통화했던 병원의 원장님으로부터 감사의 메일이 도착했다. 다른 고객들도 감사의 인사를 전해왔다. 정말 기뻤다. '마케팅과 고객 상담을 담당하는 팀의 우리가 해결하지 못하는 고객의 문제가 있어서는 안 된다.'라고 생각했던 나의 신념을 자신이 없어서 포기했었더라면 이렇게 기쁜 마음을 경험하지는 못했을 것이다.

그 후로 "저의 팀에도 지식을 공유해 주실 수 있을까요?" 하고 같은 부서의 다른 팀에서 근무하는 서브 리더 직을 맡고 있던 담당자로부터의 상담이 들어왔다. 물론 나는 기꺼이 노하우를 공유하고 내가 독학으로 공부했던 리눅스(Linux) 책들을 물려주었다. 요즘은 시대도 변하고 예전보다 리눅스(Linux) 환경에서 여러 주변 기기들을 사용하는 경우도 늘어나고 있다. 지금 생각해보면 무엇이 나를 그렇게 열정적으로 그 일을 하게 했는지 웃음이 나기도 한다. 기본 업무과 병행하며 그 바쁜 와중에, 상사의 양해까지 구하면서 그 일을 해냈다.

'고객의 불편을 해결하고 싶다.'라는 일념이었던 것 같기도 하고 마케팅 업무를 담당하는 자로서 일에 대한 프라이드였던 것 같기도 하다. 그후에 나는 리눅스(Linux) 환경 트러블에 관련된 이메일 템플릿도 만들었다. 문의가 들어오면 팀원들은 먼저 메일 템플릿을 보내서 트러블 정황을 확인하고 순서대로 분석한 뒤 해결되지 않는 부분은 개발팀으로 보내는 오퍼레이션이 구축되었다. 개발팀도 필요한 조건과 정보가 갖추어진 상태로 들어오는 안건은 분석하기도 쉽고 조사 시간도 줄어든다. 부서 간의 오퍼레이션이 구축되고 서로의 'TODO'리스트가 확실해지면 일도 하기 수월해진다. 부서 간의 긴밀성도 높아져 새로운 정보의 공유도 활발해졌다. 그 결과 예전과 같이 고객을 기다리게 해서 독촉이 들어오는 상황도 해소되었다. 무엇보다 팀원들이 예전처럼 긴 시간을 모르는 내용을 붙잡고 고객과의 소통에 고생하지 않아도 되었다. 그것만으로도 충분하다.

그 후에 내가 건강이 안 좋아져 회사를 휴직할 결심을 했을 때 개발팀의 리눅스(Linux) 담당자분께도 인사를 드렸다. 놀라시며 내게 직접 전달하고 싶은 게 있으니 시간을 좀 내달라고 하셨다. 선물과 메시지를 쓰신 엽서를 주셨다. 나는 너무나 감사했다. 그리고 메시지를 읽었다. "고객을 위해 이렇게 노력을 하는 모습에 감동했습니다. 나에게도 자극이 되었고 일에 대한 나의 태도를 다시 되돌아보는 좋은 계기가 되었습니다."

몇 년 뒤에 나는 상사의 권유로 다시 지금의 회사에 복직했고 개발팀의 리눅스(Linux) 담당자분과의 인연은 지금도 이어지고 있다. 그리고 이분의 덕분으로 그때 당시의 리눅스(Linux) 솔루션 사이트와는 비교할 수 없을 만큼 훌륭하게 만들어진 지금의 웹사이트를 보고 왠지 자랑스럽고 뿌듯했다. 나는 이때 '일을 사랑한다는 것'이 어떤 느낌인지 처음 알았던 거 같다.

다시 과거로 돌아간다면 '지금 자신의 일을 사랑하고 있는지, 그 일을 하면서 행복을 느낄수 있는지.', '항상 바쁘게 전력 질주만 하지 말고, 잠시 쉬어가면서 자신의 일에 대해 생각할 시간도 가져보라'고, 이렇게 나 자신에게 조언해 줄 것이다. 일의 성취감도 맛보고 자신의 실수에도 관대해지라고 말이다. 아마 그렇게 여유가 생겨나면 때로는 일을 사랑하고 최선을 다하는 나의 모습을 발견하고 행복해할지도 모른다. 우리는 항상 오늘보다 내일 더 나은 방향으로 성장하고 있다. 더 나은 내가 되고 있다는 믿음과 확신을 가지자.

"절대 어제를 후회하지 마라. 인생은 오늘의 내 안에 있고 내일은 스스로 만드는 것이다."

L. 론 허버드(라파예트 로널드 허버드, Lafayette Ronald Hubbard)의 말이 떠오른다.

나는 지금도 일에 지친 동료나 후배에게 연락이 오면 이렇게 말한다.

"당신이 지금 하고 있는 일이 무엇이든 간에 그 일의 가치를 함부로 깎아내리고 비하하지 말라. 그리고 당신이 믿고 있거나 말거나 당신은 지금 그 일을 통해 크게 훌륭히 성장하는 중이다. 당신은 충분히 멋지고 지금도 잘하고 있으며, 당신은 점점 더 크게 될 것이다."

# 04

# 협업이
# 부르는
# 나비효과

2020년 전 세계를 강타한 코로나 COVID-19는 세계 경제를 혼란에 빠뜨렸다.

코로나 백신도 발명되지 않은 상태에서 세계 곳곳에서 확진자가 나왔고, 연일 사망자 수가 보도되었다. 사람들은 불안에 떨었고 뉴스에서 제시하는 방침은 하나도 빠지지 않고 실천에 옮겼다. 태어나서 처음 해보는 '어색한 거리 두기'도 매일 해야 했고, 마스크는 새벽에 줄을 서도 도무지 구매할 수 없었다. 여기저기서 업무가 축소되고 있는 정황의 이야기가 들려왔다. 내가 다니는 직장 또한 예외는 아니었다. BCP(Business Continuity Plan, 업무 연속성 계획)의 관점에서 하루속히 대책을 세워야만 했다. 나는 급하게 회사 내에서 코로나 COVID-19 발생 시의 긴급 연락망을 구축하고, 팀원들과 연락 방법을 숙지했다. 무엇보다도 팀원들의 건강과 안전이 제일 우선이다. 하루라도 이른 시일 이내에 리모트 워크가 가능한 상태를 신속하게 정비해야만 했다. 하나하나의 모든 게 다 처음 겪는 상황들이라 당황스러울 뿐이었다. 점점 가깝게 다가오는 코로나의 공포도 공포였지만, 리모트 워크로 과연 지금의 생산성을 떨어지지 않게 잘 이끌어갈 수 있을까 걱정도 되었다.

2019년부터 해외 시장 마케팅 업무를 담당하는 팀을 맡았다. 여러 이유로 업무의 축소가 진행되고 있었고 그 때문에 하루속히 업무 확장이 이루어져야 하는 때였다. 원인 분석을 해야 한다고 판단했고 한 명 한 명과 일대일 미팅을 시작했다.

"그냥 하루하루 주어진 일을 하고 있을 뿐이에요. 특히 희망 사항도 없지만 요즘 업무가 줄어들고 있다는 소문도 들리고 그런 점들이 불안해요."

내가 이때까지 담당한 팀들을 보면 몇 가지 공통점이 있다. 팀원들의 표정이 활기차고 밝은 부서는 그다지 크게 조직 개편이나 매니지먼트 계획을 특별히 세우지 않고도 이끌어갈 수 있다. 그러나 표정이 불안하고 뭔가 어둡고 인사를 잘하지 못하는 등 의사소통에 문제가 있는 팀들은 조직 풍토를 바꾸어야 하기도 한다. 상태에 따라서는 많은 시간의 투자와 노력이 필요하다. 그리고 때로는 보이지 않는 팀원들 간의 불신도 있을 수 있다. 그럴 때는 거기에 맞는 적당한 감정 컨트롤을 병행하기도 한다.

첫째, 누가 무슨 일을 어떻게 하고 있는지 업무 상황을 정확하게 파악한다. 내가 이름 지은 '멀티 협업 시스템 파일'에 그 내용을 모두 등록했다. 일을 처리하는 과정에서 문제가 있으면 살펴보고 바로 잡아야 한다. 불필요한 인력 낭비와 비효율을 개선하기 위해 '일의 중복'을 체크한다. 그리고 복잡한 일은 나의 담당이 아니라고 넘겨버리려는 '회피'의 정황이 없나 확인하고 일이 한 사람에게 쏠리고 있지 않나 점검한다.

둘째, 팀원이 각자가 담당하고 있는 업무의 내용과 일의 순서, 체크 항목들을 모두 매뉴얼로 만드는 작업에 들어간다. 업무를 진행하면서 해야 하기에 시간적인 여유를 배려하는 것도 잊지 말아야 한다. 메뉴얼로 만드는 과정에서 자신이 담당하고 있는 일의 내용을 곱씹게 된다. 자신의 업무가 정확히 무엇인지, 어떤 일을 하고 있는지, 메뉴얼 작성 시의 문서화 작업을 통해서 생각을 정리하는 기회도 갖게 된다.

셋째, A 군이 작성한 메뉴얼을 참조하면서 B 군에게 A 군의 일을 진행시켜 본다. A 군이 진행할 때와 같은 성과가 나오는지 점검한다. 효율성과 정확성에서 문제가 생기면 A 군과 B 군, 그리고 나와 같이, 세 명이 문제점을 이야기하고 A 군이 작성한 메뉴얼을 보완하는 작업에 들어간다. 나는 이 단계에서의 두 직원의 소통을 매우 중요하게 생각한다. 어쩌면 서로에게 대화를 주고받은 경험이 없는 사이일 수도 있기에 첫 단계의 의사소통에는 반드시 합류한다. 함께 이야기하는 시간이 지루하지 않게 농담과 웃음을 섞으면서 분위기를 조정한다. 이때 완벽한 메뉴얼이 탄생하지는 않지만, 처음으로 상대의 업무에도 관심을 두게 된다. 자기의 생각도 이야기하며 뭔가 '팀워크' 같은 감정을 느낄 수 있다. 지금껏 대충 생략하고 중단시킨 일들도 다른 동료에게 설명하는 과정에서 책임 의식이 생긴다. 일을 잘 완수하게 도와야 하기 때문이다. 보통은 이 과정에서 몇 번에 걸친 대화와 조정이 이루어지고 나면 상대방에게 말을 쉽게 걸 수 있게 된다. 실제로 이 단계가 진행되고 나면 출근 후에 아침 인사를 나누는 광경을 종종 보게 되는 경우가 많았다.

넷째, 최종 성과를 검토한다. 위의 세 번째의 단계를 통해 A 군과 B 군이 동등한 퀄리티를 달성할 수 있는지 최종 확인을 한다. 이 단계에 오면 거의 자연스럽게 A 군과 B 군이 서로의 의견을 이야기한다. 내가 컨트롤하지 않아도 무난히 회의가 진행된다.


'멀티 협업 시스템'은 팀의 전원이 A 군이 되기도 하고 B 군이 되기도 한다. 거의 빠짐없이 모두가 A 군과 B 군의 역할을 경험하게 된다. 장점은 '내 일의 처음부터 끝까지의 전체를 파악하고, 제3자에게 공유하는 과정에서 일을 스스로 컨트롤할 수 있는 힘'을 키우게 된다는 것이다. 일에 휘둘리지 않고 일을 지배할 수 있게 된다.

이렇게 운 좋게도 2019년도부터 조직의 풍토가 좋은 방향으로 바뀌어 갔다. 줄어들었던 업무량이 점점 확장되었고 팀의 인원도 두 배로 늘었다. '멀티 협업 시스템'은 2020년의 코로나 사태에도 지장 없이 업무 확장을 이루어냈다. 더 나은 결과를 지향하고, 여러 번 반복하는 행위를 통해 팀원 전체의 하나의 습관이 만들어진 것일 뿐이다. 너무 어렵고 거대한 무언가를 목표로 하고 복잡한 프로세스를 따라 하기보다는 '심플한 기본 원리에 충실한 시스템'이 어렵지 않고 행동으로 옮기기도 쉽다. 어렵고 복잡하면 자기도 모르는 사이에 '그 과정이 목표'가 되어버린다. 작은 성취감을 얻으며 반복적으로 쌓아갈 수 있도록 실천 가능한 목표 설정과 커뮤니케이션을 도와주어야 한다. 목표만 설정해주어도 안 되고, 커뮤니케이션에만 중점적으로 치우쳐도 안 된다.

또 무엇보다 일은 누구를 위해서가 아니라 나 자신을 위해서 한다는 사실도 제대로 인식해야 한다. 업무가 확장되고 소통이 원활해지면 당연히 일도 즐거운 분위기로 전환될 수밖에 없다. 이렇게 '멀티 협업 시스템'을 통해 동료들 간의 커뮤니케이션도 날로 활성화되었다. 상사나 한 사람의 리더가 내린 지시에 따라 단지 기계처럼 움직인 게 아닌 자신들의 참여도가 큰 성과이기에 더욱더 활력 있고 건강한 조직이 만들어진다. 그 어떤 때보다 조직이 단단하게 된다.

우리의 '멀티 협업 시스템'의 성과는 다른 부서나 나의 상사로부터 평가를 받았다. 원하는 부서에는 기꺼이 노하우를 공유했다. 시작은 직원들의 불안을 해소하고 작은 희망을 가지게 하기 위해서였지만, 이렇게 훌륭한 성과를 만들어 준 팀원들이 너무 자랑스럽고 잘 따라와 줘서 고마웠다. 모든 문제는 항상 오늘의 작은 문제를 피하면 내일은 더 큰 문제가 되어서 나에게 되돌아온다. 어떤 일에도 팀워크로 도전을 해보자. 잘못되면 실패밖에 할 것이 더 있겠는가.

나도 내가 기획한 이 프로젝트에 나와 팀원들의 시간이 투입되기 때문에, 처음에 상사도 설득시켜야 했다. 회사란 투자한 시간만큼 보이는 결과도 중요하기 때문이다. 정말 잘할 수 있을까? 큰소리치고 자신 있게 말했는데 실패하면 나의 스펙에 마이너스가 될 수도 있다. 나를 걱정해서 내가 무언가에 도전할 때 걱정이 되어서 '그냥 가만히 있으면 될 텐데.' 하고 조언을 해주는 동료들도 있다. 그러나 내 앞의 문제를 보고 내가 움직이지 않으면 반드시 곤경에 처하는 사람이 있게 마련이다.

2020년도를 맞이하고 코로나 사태에도 30대부터 60대까지 우리 팀원들은 '멀티 협업 시스템'을 활용해서 일사불란하게 재택근무에 들어갔다. 당연히 원활한 소통으로 매달 효율성이 떨어지지 않고 업무를 진행하고 있다. 그 반대로 업무량이 점점 증가하고 있는 상황이다. 리모트 워크로의 변화 속에서 갑작스럽게 경험하게 된 새로운 일하는 방식에 혼란스러워하는 이야기는 나 또한 예외는 아니었다. 지금은 보편화된 비대면 근무이지만 이때 당시에 '멀티 협업 시스템'으로 단단해진 팀워크 덕분에 구성원들의 업무를 점검하고 피드백을 하는 데도 많은 어려움을 겪지 않고 있다.

앞으로도 공동의 목표를 반복적으로, 지속해서 공유하는 과정에서, 또는 비대면 근무 방식의 새로운 문제에서 여러 어려움이 나타날 수도 있다. 그러나 나의 팀원과 함께 더 높은 목표를 향해 단결하고 노력하면 코로나도 끄떡없이 이겨내리라 확신한다.

'멀티 협업 시스템' 방식이 다른 팀에도 공유되고 그 팀의 성장에도 작으나마 도움이 되었으면 하는 바람이다. 아직 보강할 점이 많은 '멀티 협업 시스템'이지만 여러 팀에게 공유되고 그들의 피드백을 통해 알찬 내용으로 성장한 후 다시 우리 팀에 적용하는 날이 올 것이다. 성장을 거듭한 '멀티 협업 시스템'이 다시 돌아왔을 때 새로운 교훈을 얻게 되는 나비효과도 기대해 본다.

## 05

# 상사의
# 감정을
# 읽어라

알렉산드라 K. 트렌퍼는 이렇게 말했다.

"최고의 스승님은 무엇을 봐야 할지가 아닌 어디를 봐야 할지를 가르쳐 주는 사람이다."

직장인에게 자신의 상사가 최고의 '베스트 프렌드' 같은 존재라면 어떨까.

함께 목표를 설정하고, 함께 목표를 향해 나아가는 제일 든든한 동료가 나의 상사라면 아마 마음껏 자신의 역량을 키워나갈 용기를 내 볼 수도 있을 것이다. 그렇다면 나의 감정을 마주하듯이 때로는 상사의 마음도 한번 들여다보자.

직장 생활의 평가는 결국 일에 대해 어떤 신념을 지니고 태도를 보이느냐에 따라 결정된다고 말해도 과언이 아니다. 실제로 아무리 학벌이 좋고 스펙이 우수한 사람도 입사한 후에 제대로 실력을 발휘하지도 못하는 경우가 있다. 그래서 자기의 일에도 만족을 하지 못한 채 하루하루를 마지못해 일하며 직장에서 시간을 보낸다. 또 그 반대의 경우도 있다. 별로 내세울 것도 없는 사람인데 왠지 매일 즐거워 보이고 나름대로 승승장구하며 좋은 기회도 자기의 것으로 만들어가면서 조금씩 발전해가는 경우이다.

우리는 원하든 원하지 않든 하루의 시간 대부분을 직장에서 보낸다. 그렇다면 그 시간을 자신을 위한 가치 있는 시간으로 만들어야 하지 않을까. 어떤 조직이라도 구성원에게 회사의 기준에 맞춰진 필요한 능력을 갖추어 주길 바란다. 조직이 무엇을 추구하고 있고 또 상사가 어떤 목표를 향해 어떻게 나아가려 하는지 등을 구체적으로 습득하는 일이 자신의 성장을 위한 일이기도 하다.

정기적인 회의를 통해서 상사나 부서의 팀원들과 목표를 공유하기도 한다. 그런데 막상 회의를 마치고 혼자가 되는 순간 '그래서 내가 지금부터 뭘 하면 되는 거지?'라고 자문자답해본 경험이 한 번쯤은 있으리라 생각한다.

"지금 제가 담당하고 있는 일을 언제까지 마쳐야 하는 게 옳은지….

이 속도로 해나가는 게 맞는지도 잘 모르겠습니다. 조언을 좀 해주셨으면 해서…."

이번에 새로 동영상 제작 업무를 담당하게 된 N 군이 나에게 상담을
해왔다. 전체 회의에서 결정한 내용의 스토리보드를 파악하고 꼼꼼히 만
들고 있는데 지적당하는 부분들이 많아 스케줄을 맞출 수 없어 고민하고
있다는 내용이었다. 같이 이야기를 나누었고 나는 '왜 수정이 필요한지
정확하게 이해되지 않은 상황에서 같은 과정을 반복하고 있는 상태'라고
판단되었다. N 군은 대학을 졸업한 뒤 해외에서 스펙을 쌓고 커뮤니케이
션 능력 또한 부족하지 않았다. 소속되어 있는 팀의 리더 역시 제품의 지
식과 실전 경험이 풍부한 친구였다.

담당 리더와도 이야기를 나누어 보았다. 서로가 상대에게 기대하고 있
는 부분들이 조금씩 어긋나 있었다. 다른 회사에서도 일반적으로 많이
볼 수 있는 흔한 경우이다. 조금만 자신의 마음을 솔직하게 이야기해본
다면 의외로 일의 문제점이 순조롭게 풀리는 경험을 할 수도 있을 텐데.
때로는 상호 간의 단점을 드러낸 솔직한 커뮤니케이션이 필요하다. 당연
히 리더는 팀원의 성과가 자신의 업적에도 영향을 미치기에 문제를 이해
하고 해결하기 위해 노력하려는 자세를 보일 것이다.

나보다 더 풍부한 일에 대한 지식과 노하우가 공유되면 내가 원하는
목표에 빠르게 도달할 수도 있다. 다양한 경험을 통한 숙련된 일 처리 능
력이 나보다 뛰어난 선배나 상사에게 내 고민을 털어놓으면 모든 면에
서 내가 경험하지 못한 노하우를 얻게 되어 많은 시행착오를 줄일 수 있

을 것이다. 그리고 상사 또한 모든 업무를 준비하고 결정을 내릴 때 자신 감이 없고 불안한 마음이 생길 수 있다. 말을 걸어오고 같이 협력하고 도 와주는 부하 직원은 마음속으로 든든하게 생각한다. 마음이 맞으면 함께 멋진 프로젝트를 성공적으로 진행할 수 있지 않을까.

나는 N 군과 거의 매일 소통을 하면서 N 군팀의 리더의 장점을 이야기 해주었다. 그의 업무 진행 방식의 특징과 흐름을 함께 이야기하며 N 군 이 자신의 리더 특징을 파악하게 하기 위해서이다. 상사의 움직임이나 일의 흐름을 주시하고 필요한 타이밍에 적절하게 행동할 수 있다면 조금 은 마음 편하고 든든한 직장 생활을 보낼 수 있지 않을까 하고 생각한다. 이렇게 팀의 리더에게 보고하는 데 자신이 없어 하는 N 군과 3개월 정도 의 시간 동안 나를 대상으로 프레젠테이션하는 연습을 했다. 실전에 강 하고 위기의 상황에도 잘 대처하기 위해서는 반복적인 학습이 필요하다. 위기가 없는 상황에서 학습하고 훈련하면 부담 없이 연습할 수 있고 실 제로 실패하더라도 긴장감 없이 다시 연습을 시도할 수 있다. 이러한 트 레이닝을 반복하는 과정에서 용기도 생겨난다.

N 군은 자신과 팀의 리더가 설정한 스케줄이 공유된 자료상으로 보기 에는 같은 내용인데 진행하는 과정에서 조금씩 방향이 틀어지고 있다는 것을 알게 되었다. 지적받은 내용을 수정하는 기간을 정확하게 공유하지 못한 탓도 있었다. 그리고 지적받은 부분도 확실하게 이해되지 않은 상 태에서 수정한 결과, 성과물에 대한 만족도가 다르다는 것도 이해하게

되었다. 아주 단순한 서로 간의 이해 문제를 조금 풀고 나니 속이 후련해지고 어두운 터널에서 나온 기분이라 말했다. 직장 생활에서의 모든 문제는 거의 다 '심플하고 기본적인 원리 원칙'에 해답이 있다. 항상 문제의 원인은 단순한 경우가 많다. 그리고 해답도 반드시 그 속에 있다.

N 군은 업무 진행의 요령을 습득했고 이제는 배운 노하우를 자신의 후배에게도 전하고 있다. 자신의 업무를 제쳐 놓고 적극적으로 N 군의 문제를 서로가 함께 생각하고 풀어나간 결과물이다. 무엇보다 N 군과 팀의 리더가 함께 업무를 상담하고 작업하는 과정에서 일의 시너지 효과가 일어났고, 그 결과 성과물의 퀄리티도 높아지고 일의 효율성이 좋아졌다. 최근 기업에서는 팀 단위로 직제를 개편하고 협업을 통해 일을 동시에 추진했을 때 발생하는 효율성을 기대하는 경향이 크다. 서로 힘을 합쳤을 때 더 큰 효과가 있다는 것을 알고는 있으나 실제로 적용하기는 어려운지도 모른다. 앞으로 이 회사를 퇴직할 때까지 사람과 사람을 연결하며 조금이나마 팀원들의 직장 생활에 보탬이 되고 싶다.


왜 상사의 감정을 읽어야 할까. 상사에게 아부하고 좋은 평가를 받기 위해서가 아니다. '좋은 질의 일'을 이루어내기 위해서다. 그리고 결과적으로 그 일을 통해서 자신의 성장이 이루어진다. 물론 서로의 관계성도 긴밀해지고 성과물의 퀄리티도 높아진다. 상사가 바라보는 목표의 끝에는 무엇이 있는지 생각해 보게 된다. 생각이 공유되면 그 과정도 함께할 수 있게 된다. 무엇보다 상사의 마음을 읽을 줄 아는 사람은 자신이 언젠가 그 위치에 서 있을 가능성이 크다. 그리고 이런 연습을 통해 자신이 상사가 되었을 때, 상대의 감정을 읽고 이해하는 인기 순위 1위의 상사가 되어 있을지도 모른다.

지금 나의 부하들은 나보다 학벌이 뛰어난 친구도 많다. 나는 유명한 대학을 졸업하지도 않았고 특히 젊은 시절은 회사에서 열심히 일만 하고 살았다. 그런데 좋은 학벌을 갖추고 스펙을 쌓고 능력이 있는 사람이 오히려 자신이 없고 자신을 과소평가하는 경우도 있다. 상사가 항상 자신감 있게 보일지도 모르나 실제로는 열등감 때문에 괴로워하는지도 모른다. 우월감은 자신이 가지고 있는 열등감이나 불안한 감정을 감추기 위한 모습인 경우가 많기 때문이다.

1960년 출간된 이후 3,000만 부 이상 팔린 최고의 자기계발서 『맥스웰 몰츠 성공의 법칙』의 저자이자 심리학자인 맥스웰 몰츠(Maxwell Maltz) 박사는 이런 말을 했다고 한다.

"상대를 좋은 사람이라고 생각하고 그렇게 믿어라. 그러면 그 사람은 반드시 좋은 사람이 된다. 우리가 돌려받는 것은 우리 마음을 투사한 것에 대한 반사임을 잊지 말라."

상사는 부하를 사랑하는 사람이다. 오늘 이후로 당신의 최고의 멘토를 상사로 바꿔 보면 어떨까. 혹시라도 지금까지 당신의 상사가 미워 죽겠다고 생각했던 상대였다면 너그러이 한번 용서해주라 말하고 싶다. 그리고 상사의 마음을 잠시 들여다보자.

# 06

## 최선의 목표를
## 세우고
## 거기에 집중하라

"다음 연도의 목표는 어떻게 세울 계획이야? 혹시 괜찮다면 시간이 될 때 같이 공유하지 않을래?"

다른 부서에서 팀장직을 맡고 있던 여자 직원분이 미팅 제안을 해왔다. 어느 회사나 해마다 목표 계획을 세운다. 1년의 목표, 6개월간의 목표, 한 달간의 목표 등 '목표 세우기'의 지시가 상사로부터 떨어지면 어떤 목표를 세워야 하는지 고민부터 된다는 것이었다. 자신이 세운 목표가 팀과 자신의 성장으로 이어질 수 있는지, 매번 고민하는 시간이 길다는 것이다.

미팅 날을 잡고 나를 포함한 네 명 정도의 팀장이 모이고 회의가 시작되었다. 회사에 다니는 사람이라면 직책에 상관없이 누구나 목표의 설정은 피할 수 없는 업무 중의 하나이다. 가족이나 개인의 목표를 정할 때도 얻고 싶은 결과물을 상상하고 계획을 세운다. 얻고 싶은 결과물이 정확하지 못한 경우 제대로 된 계획을 세우기 힘들다. 하물며 직장에서의 목표 설정과 계획은 나 혼자만의 일이 아니기에 매출이나 이루고 싶은 팀의 성장을 충분히 예상하고 세워야 한다. 팀 전체에 어떤 영향을 미치고 어떤 결과가 기대되는지 어느 정도 확실하게 머릿속에 그려져 있어야 한다. 또 목표를 설정하고 실행했을 때 어떤 성과물을 얻을 수 있을지 예측이 되어 있는 상태여야, 목표를 실행하는 도중에 재조정하는 시간을 줄일 수 있다. 여유가 있다면 '예측이 빗나갈 가능성'도 미리 계산해 두면 좋다.

우리는 업무 목표를 설정하는 관점을 서로 기꺼이 공유하였다. 담당하는 팀마다 달성해야 하는 목표의 차이는 있지만, 어떤 관점으로 상반기나 하반기 목표를 세우는지. 또 그에 따른 부하 교육과 성과 관리는 어떻게 하고 있는지, 1년 4쿼터의 활동 목표 등에 관해서도 이야기를 나누었다. 목표 달성을 위한 상사의 서포트나 진행하는 업무에 대해 불안한 점은 없는지 서로의 솔직한 견해를 나누었다.

내가 세운 목표 내용을 보여주고 나 또한 과거에 '목표 세우기' 알레르기가 있었다는 이야기도 웃으며 들려주었다. 최선의 목표를 세우기 위해서 우리는 누구나 많은 고민을 한다. 그래서 부서 전체나 팀의 목표를 설정하는 과정이 힘들고 지칠 때도 있다. 그러다 보면 목표를 세우는 행위가 '골인점'이 되어 목표를 달성하는 원래의 목적을 잃어버리는 경우도 생긴다. 목표를 세울 때마다 만인이 감동하는 멋진 목표를 세우고, 항상 변함없이 힘차게 달려가기는 힘들다. 팀원을 설득하기에는 부족함이 있는 목표일 수도 있고, 팀원들은 만족하나 상사가 허락하지 않는 목표일 수도 있다. 조직에서 설정한 그해의 업무 미션과 가이드 라인이 내려오고 그 내용을 기본 바탕으로 만들어가지만, 무엇보다 중요한 것은 '나 자신이 이해되고 납득한 목표, 나 자신을 움직일 수 있는 목표'이어야만 한다는 것이다.

이때 당시의 업무 목표를 어떻게 설정했는지 등의 여러 관점에 대해 나도 기꺼이 공유하였다. 시기적으로는 코로나로 인해 날마다 빠르게 변화하는 사회 환경이나 경제적인 요소들이 있었다. 이제껏 경험하지 못한 업무 매니지먼트가 요구되는 때였다. 경영 환경에 대처한 업무의 방향성 제시도 긴급한 사항이었다. 또 지금까지와 너무나 다른 리모트 워크의 업무 진행 속에서 팀원의 불안을 해소하고 성과를 관리하는 일도 시급했다. 팀원들과 목표를 공유하고 팀 전체가 하나가 되어 움직여야 했다. 팀원의 정서를 통합하는 방법을 찾는 데 다른 부서들도 어려움을 겪고 있었다. 갑작스럽게 닥친 코로나로 인해 목표의 재정비가 필요했다.

나의 팀은 코로나 이전에 기획한 '멀티 협업 시스템'을 계속 진행하고 있었던 중이었기에 커다란 어려움이 없이 코로나로 인한 리모트 워크 시대를 맞이할 수 있었다.

'멀티 협업 시스템'이 어느 정도 자리를 잡은 상태에서 코로나로 어려움을 겪는 중에도 작게나마 업무 확장이 이루어지고 있었다. 코로나가 시작되고 난 후 세계 모든 곳에서 여러 이유로 인해 급격히 업무가 줄어드는 상황이 벌어지는 가운데 정말 감사한 일이었다.

지금 생각해도 2020년의 코로나 사태는 아찔했다. 백신도 만들어지지 않은 상태에 뉴스에서도 사망자가 연일 발표되고 사망자 수는 늘어가고만 있었다. 마스크도 구하기 힘든 상황이었다. 일도 일이지만 무엇보다 팀원의 건강과 안전이 제일 우선이라고 생각했다.

이때까지 업무를 리모트 워크를 중심으로 진행해 본 적이 없었다. 일의 효과를 떨어뜨리지 않고 진행할 수 있을까. 그렇지만 도전할 수밖에 없다고 판단했다. 어떤 목표와 업무도 팀원의 안정된 생활보다 우선일수는 없다. 나는 팀원 한 사람 한 사람 모두에게 직접 이야기를 했다.

"일의 효율성과 퀄리티를 절대로 떨어뜨려서는 안 된다. 그것이 앞으로 시작될 리모트 워크 시대에 우리 모두가 행복하게 살아남는 일이다."

그리고 마지막에 이렇게 말했다.

"나는 네가, 우리가 해낼 수 있다고 믿어!"

2019년 당시에 업무 축소가 진행되고 있던 팀을 맡았다. 1년 정도의 기간에 집중적으로 팀의 장단점을 분석하고 '멀티 협업 시스템'을 구축하였다. 줄어든 업무를 확장하기 위해 빠르게 체계화시키고 정착시키려고 노력했다. 그 덕분에 2020년에 코로나 사태가 발생하리라 당연히 예측한 상황은 아니었지만 '멀티 협업 시스템'이 안정적으로 가동되고 있었기에 순조롭고 원만하게 리모트 워크를 스타트시킬 수 있었다. 2021년까지의 시간 동안 업무 매출과 팀원이 두 배에 가깝게 확장되었다. 팀원들도 기뻐했고 사내에서 가장 빠르게 리모트 워크 체제를 도입한 팀이라는 평가도 받았다. 여러 관리직 종사자들로부터 '멀티 협업 시스템'의 활동 방안과 지침, 운영 방법 등 내용을 공유해 달라는 제안이 있었다. 아무리 훌륭한 목표를 세워도 예측 불허의 상황은 발생한다. 그 상황에 어떻게 대응하고 목표를 재조정하느냐에 따라 결과를 크게 좌우한다. 특히 요즘 시대에는 예측하지 못한 상황에 대처하는 순발력과 지혜 또한 최선의 목표 세우기 항목에 포함될지도 모른다.

목표 설정에 따른 성취 과정에 있어서 협업의 중요성은 이 책에서 더 강조하지 않아도 수많은 비즈니스 저서에서 이야기하고 있다. 협업을 포함한 모든 업무에 있어서 가장 중요한 '기본기'에 충실하고, 심플하고 단순하지만, 서로를 이롭게 하려는 일 처리의 '원리 원칙'에 근거한 개인의 행동이나 관리자의 매니지먼트라면 어떤 목표를 세워도 좋은 성과를 거둘 수 있지 않을까 생각한다. 성실함과 섬세함, 일에 대한 집중도. 그리고 협업의 효과 등 일반적이고 단순한 내용이지만 지속해서 반복되는 과정에서 얻어지는 성과 창출과 경험 축적이 중요하다. 팀원들 사이에도 점차 정착되면서 조직의 풍토가 바뀌기도 한다. 그 후부터는 집단 응집력도 형성되어 어떤 업무를 전개해도 여러 업무를 동시에 효율적으로 해낼 수 있다.

매번 특별한 목표 수립과 복잡한 활동 계획은 팀원들까지 지치게 만들고 만다. 그런 경우를 실제로 사내나 사외에서 보기도 한다. 구성원들에게 구체적으로 성과 목표를 공유하기도 힘들다. 성과 창출은 구성원들이 하나가 되어 실행에 필요한 모든 사항을 꾸준히 매일, 매주, 매달, 효율적으로 공유하고 개선하여 이루어가는 반복 작업이다. 목표 달성까지 심한 무리가 따르게 되면 과정에서 지치고 목표 세우기부터 겁먹게 된다. 직장 생활은 장기전이다. 회사를 퇴직할 때까지 수없이 많은 목표를 세우고 활동하게 된다. 터무니없이 높은 목표는 현실성이 결여되고, 팀원들도 설득시키기 어렵다. 남이 봤을 때 어떨까보다는 자신이 납득하는 목표가 최선의 목표이다.

"어떻게 목표를 세워나가야 하고 발표를 해야 하는지 아직 잘 모르겠어요."

10년 차 직장 생활을 해왔고 리더의 직무를 맡은 지는 1년 정도 된 부하 직원의 상담이었다. 첫 번째로 자신의 업무와 연결된 이들의 업무를 고려하며 일을 넓게 바라보라는 조언을 한다. 목표 수립의 원리를 공부하는 것도 중요하나 상대의 상황을 잘 이해하고 모든 정황을 세세히 살피는 능력에서 결국, 제대로 된 목표를 관철하는 힘이 생긴다.

둘째로 '자신이 팀장처럼 목표를 세우고 일해보기'를 권한다. 특히 앞으로 승진을 꿈꾸는 후배들에게 미리 연습하는 사람이 리더의 자리에도 빨리 오르게 된다고 조언한다. 사내 경력이 비슷한 두 사람이 있다면 명확한 목표를 가지고 있는 사람이 그렇지 않은 사람보다 훨씬 빠르게 성공을 이루어나간다. 업무에 관해 연구하고 벤치마킹하는 과정을 겪으며 당연히 여러 관련 부서와의 접촉도 이루어진다. 실제적 경험이 점점 쌓이며 신뢰도 높아진다.

목표의 달성 과정에 중요한 포인트가 있다면 자신만의 체크리스트를 반드시 준비해 두는 것이라고 이야기한다. 구성원들과 목표를 공유하는 공동 파일 이외에 업무 진행 상황 등을 세세히 기록한 나만의 체크리스트를 만든다. 업무를 진행하는 도중에 문제가 생겼을 경우를 대비해서 대안을 기록해 두기도 한다.

업무상의 이해 관계자와 소통하고 조정하는 일 또한 중요한 일이다. 되도록 틈새 시간을 활용하여 자주 소통을 한다. 같은 목표를 향하고 있는 관계자들 간의 인식이 틀리지 않고 잘 진행되고 있는지 확인이 되고 시간 절약의 효과가 있다. 이런 섬세한 중간중간의 체크 과정이 자신의 목표 달성에 큰 도움을 준다. 어쩌면 이런 과정을 통해 목표가 다시 수정되기도 하고 조정이 된 목표가 결과적으로 최선의 목표로 완성되는지도 모른다.

셋째로, 목표를 세우고 나면 상사와 꼼꼼하게 점검하는 과정도 잊지 말자. 나의 목표를 잘 설명하고 상사의 예리한 통찰력으로 조언을 받아 부족한 내용을 스마트하게 다듬도록 하자. 나의 상사는 내가 걸어가는 길을 먼저 걸어가고 있는 사람이다. 지금은 경험이 많고 능력 있는 상사도 처음 출발은 우리와 다 똑같다. 그래서 가장 현실적인 조언을 해줄 수 있는 상대이다.

마지막으로, 팀원들에게 지금 하고 있는 일을 통해 어떤 성과가 만들어지는지 정기적인 설명을 통해 자연스럽게 목표와 진행 과정을 공유한다. 지금 어디쯤 가고 있으며 앞으로 얼마나 해야 도달할 수 있는지 가늠하기 쉽게 설명한다. 달성해야 하는 지표 등을 조직과 동료에게 보이게 하는 지속적인 관리가 필요하다.

우리가 직장에서 일하는 이유는 일을 통해 자신의 성장을 이루기 위함이다. 더불어 회사의 성장과 발전으로 지역 사회에도 기여한다. 나의 목표 설정과 방향성이 잘못되어 있을 경우 나의 발전과 성장도 멈추어 버린다.

가끔 자신이 세운 목표대로 되지 않고 실패할 경우에 "내가 이럴 줄 알았지."라고 하며 훈수를 두는 동료도 나타날 수 있다. 결과를 놓고 분석할 때는 누구라도 할 말이 많다. 이때 중요한 건 자신이 이해하고 납득해서 세운 목표였을 경우, 원인의 분석과 방향 수정이 빠르게 이루어진다는 것이다. 그래서 최종 단계에 이르기 전에 빨리 조정하고 변경해 나갈 수 있다. 모든 일은 참여하는 사람들의 생각과 상황, 일의 연관성에 따라 다양하게 변수가 개입한다. 꼭 명심해 두자.

목표를 세운 뒤에는 현장의 상황이나 담당자의 업무 정황 등을 점검하는 일도 매우 중요하다. 지원을 요청할 사항은 사전에 준비하는 등 일의 프로세스를 명확하고 세심하게 준비해야 한다. 그것이 일의 완성도를 높여 주기 때문이다. 너무 장대한 목표를 세우면 목표를 달성하기도 전에 이런 준비 과정에서 벌써 지쳐버린다. 업무를 추진하다 보면 지금 눈에 보이는 부분 이외에도 예상치 못한 장애 요인이 당연히 생겨난다. 어쩔 수 없이 계획 일부를 변경시키고 조정하는 경험을 나도 과거에 여러 번 했었다. 그래서 함께 일하는 동료들과는 일하는 도중에도 끊임없이 협의하라고 팀원에게도 권한다. 한 번 정해지면 그대로 이행되는 일도 많지만, 아닌 경우도 종종 있기 때문이다.

그동안 내게 많은 사람이 일본 기업에서 관리직으로 활동하는 이야기를 책으로 한번 써볼 것을 권유했다. 코로나 시대를 맞이하고 기업도 개인도 모두가 비대면 사회에서 최대한의 노력을 통한 최선의 성과를 얻기 위해 서로가 협력하고 빠르게 정보를 공유하고 있다. 책은 비대면 코로나 시대에 실질적인 정보를 공유할 수 있는 유익한 방법이기도 하다. 그러나 '내가 어떻게 책을 쓸 수 있을까?' 이런 생각에 용기를 내지 못했다. 인터넷 검색을 통해 〈한국책쓰기강사양성협회(이하 한책협)〉의 김태광 대표를 알게 되었다. 김태광 대표는 25년 동안 300권의 책을 집필하였고, 12년 동안 1,200명이 넘는 평범한 사람들이 자신의 스토리를 책으로 쓰고 행복을 찾아가는 과정을 서포트하는 최고의 책 쓰기 코치였다. 나도 용기를 내어 책을 쓰겠다고 결심했다. 나의 이야기가 세상의 누군가에게 공감이 되고 단 한 사람에게라도 도움이 된다면 하는 바람으로 책 쓰기 목표를 세웠다. 김태광 대표의 섬세하고 진정 어린 조언으로 나의 책이 세상에 나올 수 있게 되어 다시 한 번 감사를 전한다. 올해의 목표로 책 쓰기를 결심한 분들에게 〈한책협〉의 김태광 대표를 추천하고 싶다.

모든 목표는 자신이 납득한 목표가 최선의 목표이다. 최선의 목표를 세웠다면 그것만으로 충분히 기분이 좋아지고 만족해하는 나의 모습을 볼 수 있다. 아마 그 목표를 달성하기 위해서 당장 무엇을 해야 하고 어디서부터 움직여야 하는지 스스로 자연스럽게 질문이 나오고 그 질문들이 나를 저절로 움직이게 할 것이다. 그래서 자신이 세운 목표가 가끔은 열정적으로 자기 가슴을 뛰게 할 수 있는 목표가 최선의 목표라고 생각한다.

아리스토텔레스는 이렇게 말했다.

"실패하는 길은 여럿이나 성공하는 길은 오직 하나다."

　최선의 목표를 세우고 그 목표에 집중하여 하나하나 차곡차곡 실행하다 보면 자기 자신이 조금씩 성공에 가까워지고 있음을 느낄 수 있을 것이다.

# 07

## 상사에게
## 사랑받는
## 회사생활 노하우

명심보감에 이런 문구가 있다.

"사람을 상하게 하는 말은 날카롭기가 가시 같아서 한마디 말이 사람을 이롭게 함은 소중하기가 천금과 같고, 한마디 말이 사람을 속상하게 함은 아프기가 칼에 베이는 것과 같다."

진정한 팀워크란 언어나 데이터로 만들어지지 않고 서로 간의 주고받는 따뜻한 마음 씀씀이가 기본 바탕이 되어 있을 때 형성된다. 여러 팀을 맡고 있다 보면 팀원 중에는 업무 성과가 나쁜 직원도 있기 마련이다. 그러나 업무 성과를 향상시키고 계획을 세워 성장시키는 일 또한 리더의 몫이다. 그리고 끝까지 끌고 가며 교육하는 과정에서 리더 또한 성장한다. 같이 감사해야 할 일이다. 그런 리더의 모습을 보고 팀원들 사이에서도 신뢰가 쌓여가며 안정감이 생긴다. 자연히 팀워크도 강해지고 팀 전체의 성과와 일의 효율성 또한 높아진다. 이런 팀은 누구나 들어가고 싶어 하기에 팀원들의 모티베이션도 올라간다. 겉에서 봐도 항상 웃음과 활기가 넘치는 매력적인 팀이기 때문이다.

"좀 연차를 몰아서 4일 정도 사용하고 싶은데 업무에 지장이 없을까요?"

평상시 한 달에 하루 정도 연차를 쓰실까 말까 하는 분인데 갑자기 무슨 일이라도 생긴 걸까?

나는 조용히 이유를 물었다. 내 팀으로 오신 지는 좀 되셨지만, 아직 본인이 만족하실 만한 어떤 업무의 성과를 이루어내지 못하고 있는 부분이 나도 마음에 걸렸었다. 그러나 모든 것은 적당한 시기에 이루어지는 법이니 초조해하지 말라고 피드백을 한 적이 있었다. 그런 상황들이 스트레스가 되어 어디 여행이라도 가시려나?

"집을 옮겨야 해서 이사를 하려고 그럽니다."

"이사를요? 조금 갑작스럽네요."

나는 평상시에 팀원들의 업무 정황뿐만 아니라 개인 생활의 어떤 이벤트들도 소통을 통해 미리 파악을 해두는 편이다. 특히 어두운 구석이나 힘든 표정을 짓고 있는 친구들은 원인이 업무에 있는지 사생활에 있는지, 뭔지 알아야 도움도 줄 수 있다. 이분은 독신으로 지내고 있는 데다 건강 상태가 썩 좋은 편이 아니었다. 이사를 하면 체력에도 무리가 갈 텐데…. 말할 수 없는 사정이 있는 것일까. 어차피 연차를 사용하는 기간의 업무를 조정해야 했고 겸사겸사 사내 식당에서 커피나 한잔 마시자고 말을 걸었다.

연로하신 어머님께서 갑자기 병으로 입원하게 되었다는 것이다. 수술비와 병간호비가 들어가는 상황에 딱히 저축해 놓은 돈이 없어서 집을 담보로 돈을 마련하려 하는데 앞으로 이사 가야 할 집이 구해지지 않는다는 것이었다. 현재 가지고 있는 돈이 적은 상황이라 돈에 맞추면 회사와 너무 멀어지고 또 마음에 드는 곳은 비싸서 쳐다볼 수 없는 상황이었다. 집주인과의 계약 만료 기일을 지키려면 다음 이사할 집을 빨리 구해야 하는데 그러다 보니 초조하고 답답해서 일도 손에 잡히지 않았다는 것이다. 몸도 건강한 편이 아니라서 하루에 몇 군데 집을 보러 다니기도 힘들고 어머님 상태도 걱정이 되어 연차라도 써서 빨리 상황을 정리하고 싶었다고 말했다.

부하나 상사나 사장이나 실무자나 우리는 모두 다, 직장에서는 하나의 조직의 구성원으로 연결된 관계이나 그 이전에 누군가의 딸이요 형제요 가족이다. 일하는 이유는 자신과 가족의 행복 그리고 안정된 생활의 틀을 마련하기 위함이다. 사생활의 고민거리가 있으면 당연히 업무의 성과에 지장을 주기 마련이다. 일의 집중도나 효율도 떨어진다. 나는 팀원들의 사생활 문제에도 상대가 원한다면 기꺼이 관여한다. 이사 문제를 해결하기 위해 지금은 다른 부서에서 근무하는 나의 선배에게 연락을 드렸다. 회사 근처에 빌라 건물을 소유하고 있었다.

"선배, 오랜만이에요. 많이 바쁘세요?"

"아니야, 괜찮아. 왜?"

"선배 회사 근처에 빌라 아파트 가지고 계시죠? 아직도 갖고 계세요?"

"응. 왜?"

"저의 팀에 사정이 있어서 급하게 이사를 해야 하는데 형편이 안 되는 친구가 있어요. 이 달 안으로 집을 비워줘야 하는데 아직 다음 집을 구하지 못해서…. 좀 싸게 집을 급하게 구해야 해서 선배의 도움을 받을 수 없을까 하고 좀 부탁드리고 싶었어요."

잠시 침묵이 흘렀다.

"그래. 알았어. 담당 부동산사무소에 연락해 둘게. 좀 있다가 그쪽으로 연락해서 내 이름 말하고 진행하도록 해봐."

"넵!! 다음에 맛있는 거 사 들고 한번 뵈러 갈게요.(웃음)"

"너나 그 친구한테 맛있는 거 사달라 그래.(웃음)"

묵묵히 일하며 속으로는 얼마나 답답했을까 싶었는데 문제가 해결되어서 참으로 기뻤다.

이 선배는 과거에 나의 상사였고, 훗날 이 이야기를 하실 때 얼굴도 한번 못 본 사람에게 전화 한 통으로 집을 싸게 빌려주겠다고 말한 이유는 나에 대한 신뢰가 있었기에 흔쾌히 허락했다고 말했다. 나도 이렇게 혈안이 되어 집 구하기에 나선 이유는 신뢰하는 팀원의 문제였기 때문이다. 선배나 동료에게 사랑받고 신뢰받는 노하우는 '그 사람의 일에 대한 꾸준한 태도'나 '인성' 등이 큰 비중을 차지한다고 한다. 인간성이 좋은 사원은 누구나 후원한다. 동료에게 감사할 줄 알고 자기 일에 애정을 갖고 노력하는 모습이 그를 신뢰하게 만든다.

회사를 떠나고 이직을 결심하는 경우의 대부분이 상사나 동료와의 관계성을 이유로 꼽는다고 한다. 상사에 대한 감정이 좋지 못하면 필요한 도움을 받아야 할 때 제대로 도움을 요청하지 못하게 되는 가능성이 커진다. 상사 또한 해야 하는 업무이기 때문에, 좋아도 싫어도 일에 감정을 싣지 않고 일을 수행해야 하는 점은 나와 다르지 않다. 나와 맞지 않는다고 생각되는 상사라 하더라도 배울 점이 있다면 자신의 성장 기회로 만들어야 한다. 업무의 성과와 가치 창출을 위해서는 때로 상사와 생각이 다르더라도 수긍해야 할 필요가 있다. 부모나 자식의 관계 또는 부부의 관계에도 의견이 틀리고 충돌할 때가 있다. 하물며 남인 상사는 오죽하겠는가. 가끔 상사의 감정에도 공감하는 연습을 해보자. 그리고 자기의 생각을 구체적으로 이야기해보고 의견을 공유하는 연습도 필요하다. 잘 안 되고 서로의 의견이 달라도 괜찮다. 다르면 다시 시작하면 된다.

아무리 좋은 아이디어를 가지고 있고 머릿속에는 멋진 구상이 있어도 표현되지 않으면 아무도 알 수가 없다. 자신의 머릿속에만 들어 있는 아이디어가 무슨 의미가 있겠는가. 말하고 도전하지 않으면 아무도 그 가치를 알 수 없다. 그래서 나만의 아이디어가 아닌 상사와 동료와 함께 구체적으로 논의하고 공유해야 한다. 이해와 공감대를 형성하고 인정받는 자신을 만들어가자. 한 사람의 팀원이 목표를 세우고 집중해서 좋은 성과가 나오면 당연히 흐뭇하다. 그러나 협업 능력이 뛰어나 팀워크를 만들어 성과를 내는 팀원이 있다면 그것은 상사의 입장에서 더없이 행복한 일이다. 팀의 성과물은 개인의 성과에 비할 수 없을 만큼 큰 의미가 있다. 무엇보다 조직 전체의 성과 목표에 도전한 팀원의 노력과 잠재력에서 조직의 리더로 성장할 가능성이 보이기 때문이다. 물론 개인의 성과도 중요하지만, 동료들과 공유하고 함께하려 하는 팀원은 더 사랑스럽다. 팀워크가 없는 조직은 제대로 운영되지 않는다. 그 사실을 후배나 팀원이 깨우치고 행동하고 있다는 점이 또한 매우 기쁘고 감동적이다. 서로에게 동기 부여를 하고 같은 목표를 향해 나아가는 과정에 갈등과 의견충돌이 일어나기도 한다. 그러나 팀워크를 통해 성과를 낸 사람들은 모든 상황을 적절하게 조정하는 능력도 뛰어나다. 그래서 이런 사람이 결국 팀의 리더가 되는 경우가 많다.

내가 아무 말 하지 않아도 상사는 '알아줄 것'이라는 막연한 기대를 하는 사람들도 있다. 다시 한 번 강조하지만, 상황을 알아야 도움도 조언도 해줄 수 있다. 혼자서 한 기대에 실망하는 경우가 생기고 일에 대한 모티베이션이 떨어진다. 상사도 부하를 이해하기 위해 노력해야 하지만 부하 또한 상사에게 공유하고 표현하는 노력을 하는 것이 중요하다. 꾸준히 서로 노력해야 한다. 상사의 생각을 읽고 상사의 뜻을 이해하게 되었을 때 나도 어느샌가 상사의 위치에 서 있을 것이다.

돌아보면 나도 무식할 정도로 다른 생각 없이 정말 나의 일 하나밖에 모르고 살았다. 만일 그때로 돌아간다면 더 많이 동료나 상사에게 기대고 그들의 유능함을 마음껏 가져다 쓰며 얻어지는 시간의 여유도 누려보겠다. 그때 나의 상사는 나를 어떻게 평가했을까. 절로 미소가 지어진다.

자크 위즐(Jacques Wiesel)은 자수성가한 100명의 백만장자를 조사한 결과, 한 가지 공통점을 발견할 수 있었다고 한다.

"이들은 한결같이 사람들의 좋은 점만을 본다는 사실이다."

항상 최선을 다하자. 그러면 그런 성실한 모습을 동료나 상사가 언젠가 알아봐 줄 것이다. 상대방에게 좋은 인상을 주는 것만으로도 일단 첫 번째의 성공이다. 팀워크란 내가 혼자서는 할 수 없는 일들을 다른 사람들과 함께 이루어내는 것이다. 함께라면 우리는 어떤 위대한 일도 해낼 수 있다. 경영 환경의 변화가 심해지고 기업에서 원하는 인재는 학벌이 좋고 똑똑한 사람보다 창의적 사고를 하며 실행력을 갖추고 일을 통해 성과를 창출하는 인재이다. 혼자서 다양한 많은 일을 모두 출중하게 해낼 수는 없다. 한 가지를 잘하는 인재보다 다양하게 잘하는 사람이 필요한 요즘의 조직에서 나는 어떤 인재가 될 것인가 생각해보자.

## 3장

표현하지 않는
실력은 누구도
알아주지 않는다

# 01

## 표현하지 않는 실력은
## 누구도
## 알아주지 않는다

 

 

정확하게 2018년 11월 말 겨울이었다. 나는 그때까지 교육 프로그램 운영자, 사내 연수 강사로서 연일 바쁘게 강의실을 돌아다녔다. 그러다 그해가 끝나 갈 무렵, 갑자기 나의 상사로부터 면담하고 싶다는 연락을 받았다. 보통, 회사에서 상사로부터 연락이 올 때는 어떤 부탁이나, 프로젝트의 의뢰, 주의시켜야 할 부하 직원의 상담 등일 때가 많다. 기쁜 일보다는 수행해야 하는 업무라든지, 지시일 경우가 많다.

그 때문에 나는 어떤 이야기일까 궁금했고 걱정이 되었다. 회의가 시작되고 나의 상사는 조심스레 이야기를 꺼냈다. 미국과 유럽 등 해외 지사 응원 콘텐츠를 제공하는 부서의 리더가 희망퇴직서를 제출했다는 내용이었다. 내가 알기로 그분은 아직 50세 정도의 나이였다. 자녀도 없고, 어쩌면 회사 일이 그분의 전부일 수도 있을 텐데, 왜? 나는 조금 불안해 졌다. 상사분은 왜 나에게 이런 이야기를 하시는 걸까?

긴 이야기 끝에 상사는 내가 "그 팀을 맡아 주었으면 좋겠다."라고 말씀을 꺼내셨다. 그것도 한 달 정도 후에 맡아 달라는 내용이었다. 지금 담당하고 있는 팀의 일만으로도 바쁜데 갑자기 사내 이동이라니! 의문스러웠다. 이렇게 갑자기? 무슨 일이 있었던 걸까? 나는 일단 시간을 달라고 답을 드렸다.

회사생활을 해본 사람이라면 누구나 공감하리라 생각한다. 회사는 일만 하는 곳이 아니다. 사람들과의 소통도 관리해야 하는 곳이다. 어쩌면 일보다 소통이 더 큰 일일 수도 있다. 새로운 팀을 담당한다는 것은 업무 내용의 파악은 물론, 처음 마주하는 팀원들과의 의사소통부터 전체적인 업무 마인드까지 컨트롤해야 한다는 의미다. 사내 이동 후, 담당 조직이 안정될 때까지는 짧지 않은 시간과 나 자신에게 그만큼의 고통도 따른다. 어쩌면 처음 계획했던 시간보다 더 많은 시간이 필요할 수도 있다. 그렇다고 반드시 성공된 좋은 결과를 얻을 수 있다는 장담도 없다. 내가 그 자리에서 바로 상사에게 답변을 드릴 수 없었던 이유다.

그다음 날 당장, 나는 퇴직을 결심한 이유를 듣고자 담당 리더를 만나서 이야기를 나누었다. 그 사람은 정신적으로 극도로 피로해져 있는 상태였다. 나는 무엇이 이유일까, 혹시 그 팀에 문제가 있었던 걸까 하고 궁금하게 생각하며 조사하기 시작했다. 그 결과, 축소되고 있는 업무 상태와 통제가 어려운 부하 직원의 문제가 파악되었다. 그리고 그 때문에 깃발을 들고 혼자서 쓸쓸히 나아갔을 현직 담당 리더의 모습이 상상되어 가슴이 아팠다. 누구나 한 번쯤은 겪을 수 있는 리더의 고통이다.

며칠 후, 또다시 상사로부터 연락이 왔다. 나는 왜 나여야 하는가? 마지막 질문을 드렸다. 상사는 경험과 전문성이 있어야 한다. 그 때문에 나밖에 적임자가 없다고 말했다. 힘든 상황이지만 도와줄 수 없겠냐고, 나의 도움이 필요하다는 말씀이셨다. 나 또한 지금의 안정된 상태에서 다시 비바람 몰아치는 바다에 뛰어들고 싶지는 않았다. 그렇지만 언젠가 회사를 떠난 현직 리더가 다시 돌아왔을 때, 건강하게 그 자리에 복직할 수 있을 그만큼만 그 자리를 지켜주리라 결심했다.

그렇게 나는 2019년 1월 새로운 팀을 담당했다. 이때 나에겐 나를 움직이도록 할 미션이 필요했다. 그래서 나는 '반드시 활기가 넘치고 회사 최고의 가치 창출을 달성하는 부서로 성장시키리라!'라고 다짐했다.

그리고 그렇게 2년 반 정도의 시간이 흘렀다. 우리 팀은 업무가 2배로 확장되고 큰 웃음소리가 들리는 부서로 다시 태어났다. 팀장인 나는 팀원들에게 '즐겁게 일하기', '웃으면서 일하기'를 틈만 나면 이야기한다. 일이 즐겁지 않은데 질이 좋은 업무를 수행해 낼 수 없다. 물론 좋은 수치의 성과를 낼 수도 있을 것이다. 그러나 조직의 균형이 잡히지 않아 나중에 무너지는 사례를 나는 너무도 많이 접했다. 나에겐 일에 대한 신념과 철학이 있다. 그것은 '항상 동료와 직원이 웃으면서 일하는 것'이다.

이 팀을 맡고 난 후에 보이는 몇 가지 문제점들이 있었다. 나는 빨리 문제를 파악하고 밖으로 끄집어내서 나의 일 처리의 우선순위를 매겨야 했다. 예상했던 대로 업무 파악, 관련 부서와의 업무 조정, 팀원들의 매니지먼트까지 몸이 하나로는 부족했다. 무엇보다도 스피드가 필요하고 신속하고 정확하게 진행되어야 하는 수많은 일을 혼자서 하기에는 시간과 능력이 부족했다. 그러다 보니 누가 무슨 일을 어떻게 하는지, 어떤 성과를 내었고, 어떤 방식으로 성과를 창출해 왔는지 빨리 파악해야 했다. 흩어진 조직을 살려내려면 무엇보다 팀플레이가 원활하게 이루어져야만 한다.

나는 부하 직원 한 명 한 명과 일대일 상담을 시작했다. 그러곤 여전히 아직도 많은 조직에서 볼 수 있는 '이 일은 나만 하는 일'이라는 팀원들의 마인드 상태도 알게 되었다. 이런 상태에서는 당연히 소통도 생기지 않고, 물론 효율적으로 성과를 낼 수도 없다. 다른 팀원에게 나의 일을 표현하고 공유할 기회도 생기지 않는다.

지금과 같은 스피드 시대에는 협력을 통해 이해관계를 조정하고, 빨리 정보를 공유하고 적응해야 한다. 그렇게 해야만 빠르게 성과를 개선할 수 있다. 업무를 진행하는 데 있어 결단코 겸손과 양보는 필요 없다. 적극적인 소통과 공유만이 그 일의 요점을 서로가 쉽게 판단할 수 있게 한다. 그와 동시에 빠른 성과 창출이 이루어지고, 결국에는 함께 성장하는 팀으로 만들어질 수 있는 것이다.

중요한 또 한 가지는, 내가 한 일의 성과를 어떻게 어필하는가에 따라 회사 내의 평가와 그 사람에 대한 인정 정도가 달라진다는 것이다. 어떤 목표를 향해 가고 있는지 설명하고 표현하지 않으면 실력이 있어도 결국 정당하게 평가받지 못하는 경우가 생길 수도 있다. 나는 자기 어필이 부족한 팀원들도 각자의 역량에 맞게 평가해 주고 싶었다. 그래서 자신감을 얻고 그다음 단계로 각자 더욱더 좋은 솔루션을 찾아갈 수 있게 만드는 것이 일에 대한 나의 철학이다. 나의 부하 직원에게 일에 대한 애착과 즐거움도 배우게 해주고 싶다.


그런 나의 팀에는 도통 표현하지도 않고, 뭘 하는지 보이지도 않으나 항상 묵묵하게 일하는 팀원이 있었다. 일을 대하는 그의 자세와 태도는 분명 성실하고 섬세했다. 그러나 한 가지 고쳐야 할 습관이 있었다. 항상 업무 시작 5분 전에 허둥지둥 아침의 조용한 사무실에 뛰어 들어오는 모습이다.

무엇이 문제일까? 일에 대한 의욕이 없는 걸까? 나는 해결책을 찾아 나섰다. 그러던 어느 날, 그 모습을 우연히 나의 상사가 보게 되었다. 나는 팀원들의 관리 문제로 지적을 받게 되었다. 당연히 나는 속상했지만, 그 부하 직원을 나무라지는 않았다. 그러곤 '내가 만약 너의 어머니라면, 또는 너의 누나라면, 상사로부터 이러한 지적을 받았을 때 많이 속상할 거야.'라는 짧은 메일을 보냈다.

이 친구는 고등학교 시절을 부모님의 일 관계로 미국에서 보냈다. 그래서 영어를 좋아하지만 정작 언어를 통한 자기표현이 항상 부족한 친구였기 때문에 나의 마음을 메일로 전했다. 그 후에도 이렇게 조금씩 문자로 소통이 이루어졌다. '일은 상사의 기대에 보답하기 위해서 또는 다른 누군가를 위해서가 아닌, 자신을 위해서 하는 것이다.'라는 사실을 그 친구가 깨달았으면 하고 마음속으로 바랐다.

그런데 그 후로 조금씩 그 직원의 모습이 바뀌어 갔다. 5분 전 출근하는 그의 모습은 찾아볼 수 없게 되었다. 어쩌다 비가 올 때나 예상치 못한 일로 조금 늦어지는 경우, 나의 회사 휴대전화에 먼저 전화가 걸려 왔다.

이렇게 나와의 연습으로 시작된 '나를 표현하기'는 그에게 점점 많은 변화를 가져다주었다. 소통하고 표현함으로써 그의 능력을 점점 많은 사람이 알게 되고 인정해주게 되었다. 다른 직원들도 그에게 말을 걸기 시작했다. 그렇게 그 남자 직원은 밝아졌고 웃음을 되찾았다. 적극적으로 일하는 모습으로 바뀌었다.

나로서도 사실 너무 기쁘고 믿을 수 없는 변화였다. 나의 상사는 물론 관련 부서에서도 그가 이렇게 훌륭한 업무 지식을 가지고 있었는데 그동안 모르고 있었다는 반응이었다. 표현하는 습관으로 본인의 일을 대하는 태도와 마인드까지 긍정적으로 바뀐 것이었다. 일에도 추진력이 생겼다. 지금도 무슨 일을 추진하고 있으며, 어떤 성과를 기대하는지, 보고하고 공유하며 움직이는 사람이 되었다.

그렇게 시간이 지나고 나는 그가 앞으로 충분히 다른 직원들을 이끌어 갈 수 있는 역량이 생겼다고 판단했다. 밖으로 표현되기 시작한 그의 능력과 성과는 나의 상사에게 놀라움을 주었고, 동시에 상사는 그를 높이 평가하기 시작했다. 나는 2021년 봄에 그를 리더 직위에 추천했다. 더 멋지게 자신의 팀원들을 위해서 활약하는 리더가 꼭 되리라고 확신하면서.

그는 2021년 10월에 당당하게 모든 사람에게 인정받는 리더가 되었다. 지금도 팀원들을 챙기고 교육시키는 믿음직한 리더로 성장하고 있다. 또한, 항상 일에 대해 더 고민하고 더 나은 솔루션을 찾기 위해 열심히 노력한다. 나 또한 부하 직원들이 서로가 서로에게 도움을 청하는 모습을 볼 때 흐뭇해진다.

나는 2019년 이 팀을 맡을 때 맹세한 나의 다짐들이 조금이나마 눈앞에 현실로 펼쳐지고 있는 상황이 너무 기쁘다. 무엇보다 자기가 하는 일을 남이 알 수 있게 진행하는 습관이 몸에 배어 일에 대한 정당한 평가를 받고, 자신의 존재감과 값어치를 높여 가는 의미를 깨닫고 성장해 준 부하 직원에게 마음속 깊이 감사를 전하고 싶다. 정말 이때까지의 고생이 다 날아가 버리는 듯한 기쁨과 감동이다.

2022년 2월 리더들이 모인 회의에서도, 그는 예전과는 달리 다각도에서 여러 문제점을 힘차게 발표했다. 나는 이렇게 젊은 나이에 다양한 관점에서 많은 것들을 볼 수 있다면 앞으로 얼마나 더 멋진 리더로 성장할까 생각하며 그에게 찬사를 보냈다.

업무시간 5분 전에 자리에 앉던 습관 하나가 바뀌면서, 그 친구의 인사 습관과 모든 습관이 바뀌기 시작했다. 자신감이 없어서 상대방에게 먼저 말을 걸지 못했던 나의 부하 직원. 그는 이제 해야 할 일을 먼저 생각하고, 먼저 움직이는 그런 하루하루를 보내고 있다. 다른 직원들과 적절하게 연결해 성과를 내고, 항상 나에게 자신의 언어로 보고해 주는 든든한 나의 오른팔이 되었다. 이제 더는 예전의 그는 찾아볼 수 없다. 정말 상사로서 느끼는 최고의 기쁨이다! 앞으로도 팀원들과 함께 일을 통해 배우고 성장할 그의 모습이 눈에 선하다.

회사생활 속에서 누구나 자신을 빛낼 수 있는 기회를 한 번쯤은 갖고 싶지 않을까? 자신의 습관 하나를 고칠 수 있는 사람은 열 개의 습관도 바꿀 수 있는 사람이다. 오늘 당장 나의 버리고 싶은 하나의 습관부터 고쳐 보면 어떨까. 그러곤 의욕과 열정으로 하고 싶은 일을 당당하게 표현하고, 도전해 보길 바란다. 나 또한 부하의 성장을 통해 함께 배우고 성

장하는 회사원이 될 것이다. 나의 모든 부하 직원에게 기회를 제공하고
매일 나의 언어로 감사를 표현하는 상사로 성장하고 싶다.

# 리더의
# 사고방식을
# 배워라

"달란트를 숨겨두지 마라. 달란트는 쓰기 위해 주어진 것이다."

벤저민 프랭클린은 이런 명언을 남겼다.

리더는 부하의 장점을 발굴해내는 일에 최선을 다해야 한다. 그래야만 인재를 적재적소에 배치하고 최대의 효과를 창출하는 팀을 만들어 낼 수 있다. 그다음은 어떠한 힘든 상황이 닥쳐도 일과 팀원을 둘 다 절대 포기하지 않는다. 어떻게든 목표의 방향을 조정하고 성과를 이루어내는 방법을 찾아 나선다.

나의 입사 후배이자 이때 당시 나의 상사이기도 했던 여자 직원분께서 마음을 털어놓았다.

"항상 고민이 되네요. 하루에도 몇 번이나 판단해야 하는 일들이 생기고 그런 다양한 일들을 다 어떻게 판단하는 것이 옳은 것인지, 최선인지…. 또 팀원의 모티베이션 관리는 어떻게 하세요?"

"저라고 뭐가 다르겠어요. 저도 마찬가지예요. 판단은 책임이 따르고 그래서 매번 힘든 거 같아요. 저의 판단이 좋은 영향력을 끼치고 동료들에게도 좋은 결과로 돌아오게 하고 싶은데 마음처럼 안 될 때도 많지요."

나는 이렇게 대답했고, 우리는 회사 식당에 앉아서 조용히 이야기를 나누었다.

훌륭한 판단이란 어떤 것일까? 모든 조직의 리더와 리더를 꿈꾸는 사람들의 공통된 고민일 수 있다. 어떻게 내가 움직여야 나와 팀이 행복해지고 최고의 성과를 창출해 낼 수 있는가. 빨리 출세하고 승진하면 무조건 좋을 것으로 생각할 수도 있지만, 남보다 앞서서 길을 만들어가는 자는 그 나름의 고독과 고통 또한 따르기 마련이다.

"저는 3가지의 판단 기준을 가지고 있습니다.

첫째로 '나의 이익과 손해를 생각하지 않습니다.'

둘째로 '회사 규율이나 도덕적 기준에 어긋나지 않는가를 체크합니다.'

마지막으로 가장 중요한 '나의 판단이 진정 상대방에게 좋은 결과와 이득을 가져다줄 수 있는가'의 세 가지 측면을 판단 기준으로 삼고 있습니다."

아주 심플하지만, 나의 판단 기준을 공유했다. 나 또한 업무나 인사 관련 등 다양한 일의 판단에 있어서 그때그때 어떻게 판단해야 할지 고민한 적도 많았다. 실무자나 리더나 직책에 상관 없이, 일을 하다 보면 판단을 해야 할 일들이 거의 매일 생긴다. 조사 자료나 정보를 참고로 업무에 관한 판단을 하는 경우는 자료를 읽고 데이터를 분석하면서 그나마 진행할 수 있으나, 경험과 직관에 의한 판단은 자신의 신념과 철학이 바탕이 된다.

자신의 판단이 옳았는지 그렇지 않았는지는 시간이 지나면 보인다. 팀원들이 즐겁게 일을 하는 모습을 보인다면 나의 판단은 올바른 판단이다. 그 반대라면 다시 판단하는 게 바람직하다. 그리고 동료 직원이 행복하게 일하는 모습은 나도 즐겁기에 결국 나를 위한 판단이라 생각하고 판단해도 좋겠다. 일이 즐거우면 전체 업무의 성과 또한 좋은 결과가 나오기 마련이다. 그래서 팀원의 행복은 팀 전체의 행복이며 좋은 성과가 거두어지면 곧 나의 행복이기도 한 것이다. 또 즐겁게 일을 하는 팀에 속해 있을 때 구성원의 자존감 또한 높아진다. 자신의 신념과 철학을 올바르게 키우고 경험을 쌓아 나가면 리더로서도 최선의 판단을 하는 데 도움이 될 수 있다.

가끔 다음 세대의 리더로 양성되는 후배들과 리더 상에 관하여 이야기를 나누기도 한다.

어떤 리더가 바람직한 리더일까. 성과를 내고 관리를 잘하는 능력도 물론 중요하다. 그러나 그것보다 더 갖추어야 할 덕목은 '인덕'이다. 함께 일을 해보고 싶다는 생각이 드는 사람, 저 사람과 이야기하면 왠지 즐겁고 웃음이 나고 힘이생기고 좋은 느낌이 드는 사람. 이런 사람이 이끄는 팀이라면 함께 프로젝트에 참가하고 싶은 마음이 생길 것이다. 그리고 훌륭한 리더는 동료에 대한 칭찬과 배려와 격려를 아끼지 않는다. 경청하는 태도와 자기희생이 전제되지 않고는 구성원으로부터 공감을 얻기 힘들다. 때로는 자기 몫을 포기하고 희생을 배워야 하는 때도 있다. 그래서 좋은 리더가 된다는 것이 정말 말처럼 쉽지 않은 것으로 생각한다. 사내 사외를 구분하지 않고 리더 직분에 올라 힘들어하는 많은 사람의 솔직한 이야기를 듣고 나 또한 많은 배움을 얻는다.

모든 일을 혼자서 열심히 해결하려는 스타일의 리더도 있다. 항상 부하 직원들보다 자신이 똑똑해야 하고 혼자서 모든 일을 이끌어 가려는 사고방식은 오히려 아랫사람들에게 일을 잘하지 못해서 맡기지 못한다고 보일 수 있다. 자신이 인정받지 못하는 부하나 팀원이란 생각이 들었을 때 그는 더 이상 그 일을 열심히 할 욕망을 잃게 된다. 항상 팀원들에게 능력을 마음껏 펼칠 수 있도록 기회를 제공하는 리더가 되도록 하자.

적당하게 권한도 위임하는 것이 담당자가 일에 대한 책임을 느끼며 프로젝트를 진행하게 되기에 일에 대한 열정도 생겨나고 생각지 못한 좋은 결과가 얻어지기도 한다. 그렇게 자연스럽게 성취감도 느끼고 성과도 내면서 성장하게 된다.

"사실 이번에 관련 부서로부터 제가 담당하고 있는 업무의 진행 상황에 관해서 갑작스러운 변경 요구 사항이 있었습니다. 저는 납득할 수 없었고 그러나 그 쪽과 잘 조정도 못 하고 있는 상황이었습니다만, 팀장님께서 저와 관련 부서의 중간에서 내용을 잘 조절하여 주셨습니다. 감사하게 생각하고 있습니다."

팀원이 진행 중인 프로젝트의 진행 상황을 알아보기 위해서 나의 상사와 세 명이 회의를 진행했다. 한 달이나 두 달 이상이 걸리는 장기적인 일은 업무 프로세스에 따라 단계별로 나와야 하는 성과물들이 있다. 일일이 체크하지 않아도 자기 일을 알아서 진행하는 팀원이 있는가 하면 그렇지 못한 팀원도 있다. 이 친구의 경우는 성격은 좋은데 무엇이든 혼자서 일을 처리하고 싶어 하는 경향이 많았다. 그러다 보니 정보의 공유가 부족하고 다른 팀원에게 도움을 요청하는 일도 어려웠다. 내 쪽에서 정보를 공유하지 않으면 상대방도 점점 벽을 쌓게 된다. 풍부한 자료와 정보가 정리되어 있어도 최고의 성과물을 만들어내기 힘든 법인데 하물며 정보가 부족한 상황에서 만족스러운 결과물은 절대 만들어지지 않는다.

이날 회의에서 나에 대한 감사를 표하는 이야기를 듣고 나는 솔직히 너무 놀랐다. 나에 대해서 그다지 좋은 감정을 가지고 있지 않을 것으로 생각했었다. 자신의 성과물의 결과가 좋지 않은 이유는 주위의 도움이 부족한 환경 때문이라는 생각도 가지고 있는 친구였기에 스스로 그런 마인드가 개선되기를 바라며 일 년 이상을 교육해왔기 때문이다. 관련 부서에서 이 친구의 성과물에 대해서 클레임이 들어와도 그 내용을 본인에게 직설적으로 전달하지 않았다. 그리고 이 친구의 태도에 관한 지적이 있어도 '나의 언어'로 바꾸어 전달했으며 항상 사기를 떨어뜨리게 하는 이야기는 하지 않았다. 왜냐하면 이런 성격의 친구일수록 상처받기 쉬운 경향이 있다고 판단했기 때문이다. 그래서 뒤에서 관련 부서와 조정을 하고 이 친구의 능력을 어필하는 데 힘쓰고 있었다. 그런 사실은 본인은 모를 것으로 생각했었다.

이 친구의 경우는 이직자였고 연로하신 부모님과 자녀분의 학비 등 생활을 책임져야 하는 한 가정의 가장이었다. 그래서 빠른 승진과 높은 연봉을 꿈꾸며 회사가 자신의 능력을 알아주기를 바랐다. 성과물의 결과가 만족스럽지 못했을 때 본인의 마음이 조급했을 것이다.

아무튼, 이러한 교육 과정을 진행해온 나로선 회의에서의 이 친구의 발언이 감동이 아닐 수 없었다. '내가 자신을 위해서 애쓰고 있다는 사실을 이 친구도 알고 있었구나.' 나는 회의 중에 얼굴 표정은 바꾸지 않았지만 내심 보람을 느꼈다. 리더의 직책이란 허구한 날 팀원들의 교육과 뒤치다꺼리라고 표현해도 과언이 아닐 듯 싶다. 리더로서 상사로서 일의 보람을 느낀다면 그건 잘 성장한 후배나 부하 직원이 작든 크든 자신감을 갖고 자신의 분야에서 활약하는 모습을 볼 때이다. 그리고 또 하나는 팀원이 성장 과정의 힘들었던 부분을 극복하고 감사의 마음을 전해왔을 때이다. 마치 부모가 자식을 키우는 마음이라고 할까.

자신의 부족함을 인정하고 서로의 노하우를 기꺼이 함께 나누며 서로에 대한 감사와 격려의 마음으로 상대방을 인정할 때 비로소 나도 인정받을 수 있다. 이 친구의 경우는 일 년 가깝게 일대일 소통과 상담을 통해 마인드를 변화시키는 데에 중점을 두고 교육을 했다. 왜냐하면, 이런 태도를 보이는 친구들의 공통점은 '자기 방어' 또는 '불안'이 바탕에 깔려 있는 경우가 많기 때문이다. 직장은 처음부터 훌륭한 능력과 훌륭한 마인드를 모두 겸비한 사람들만으로 준비되어 있는 곳은 아니다. 능력은 뛰어나나 마인드가 부족한 사람이 있는가 하면 마인드는 훌륭한데 일의 능력이 부족한 사람도 있다. 둘 다 장점을 키워서 성장했을 때 진정한 사회인의 품격을 갖춘 사람으로 다시 태어난다. 그리고 이런 팀원들이 하나 둘 늘어나면 어떤 일도 잘 해내는 '드림 팀'이 되어있고 이런 팀원은 사내에서 헤드헌팅의 제안이 들어오기도 한다.

나는 지금도 차세대의 리더들에게 '골치 아픈 일이나 힘든 일은 자신이 맡고 뛰어들라.'라고 말한다. 좋은 기회는 팀원에게 양보하고 팀원이 일을 잘해서 목표가 달성되면 넘치다 싶을 정도로 칭찬을 아끼지 말아야 한다. 그렇게 작은 성공이 점점 쌓이면 자신감이 생기고 그런 팀원이 늘어가면서 '드림 팀'이 만들어진다. 그런 팀원은 동료, 부하, 상사, 관련 업체 등 누구를 막론하고 긍정적인 응원과 도움을 상대에게 줄 수 있다. 조직이 원하는 창의적인 가치 창출을 위한 도전도 이런 팀이라면 문제없이 해낸다. 팀원과 리더 그리고 팀 전체가 함께 성장한다. 리더를 꿈꾸는 사람이라면 자신의 희생도 기꺼이 기뻐하자.

# 03

# 그들의
# 성공을
# 질투하지 마라

'경영의 신'이라 불리는 마쓰시타 고노스케씨는 이런 말을 남겼다고
한다.

"성공할 때까지 계속한다면 실패란 존재하지 않는다!"

"바람이 강하게 불 때야말로 연을 날리기에 가장 좋은 시기다!"

드물게 늦은 나이에 나는 출산을 했다. 아이를 포기하고 있었던 나에
게도 신의 축복이 있었던 것이다. 임신을 하고 보니 원래 건강 상태가 썩
좋은 편이 아니었기에 일주일에 4일을 병원에 다니면서 직장 생활을 병
행한다는 것이 한계가 있었다. 회사의 복리 제도도 사용할 수 있었지만

이때 당시 내가 담당하고 있었던 업무량을 주위에 분산시키더라도 이 상태로 직장 생활을 진행하기에는 어려움이 있다고 판단했다. 특히 나도 나지만 나의 업무를 주위의 동료나 후배들에게 안기고 싶지 않았다. 나는 일단 휴직할 것을 결심했다.

이때 당시 나의 상사는 결단코 반대를 했다. 회사의 복지 혜택을 활용하고 휴직은 안 된다고 극구 말렸다. "이때까지 힘들게 쌓아 올린 모든 커리어가 원점으로 돌아갈 수도 있어. 그래도 괜찮아?" 나 또한 모르는 바는 아니다. 그러나 그러기에는 주위에 끼치는 영향이 컸고 그렇게까지 자신의 상황만을 생각할 수는 없었다. 몇 달간에 걸친 대립 끝에 나는 회사를 나왔고 전업주부의 일상을 보내고 있었다.

나의 상사는 퇴사 후에도 계속 연락을 주셨다. 나는 그렇게 말도 듣지 않고 회사를 그만둬버린 나를 미워하고 계시지 않을까 생각했는데 참 감사했다. 그리고 태어날 아이를 위해 영양가를 고려한 진수성찬 식사에 동료들과 함께 나를 초대해주셨다. 그리고 그 자리에서도 출산 후에 다시 회사에 복귀할 것을 권하셨다. 무슨 그리 큰 업적을 남긴 것도 아닌데…. 이렇게 복직을 권유해 주시다니 감사했다. 상사의 반복되는 권유도 있었지만 감사한 마음에 보답도 하고 싶었다. 그렇게 1년 반 정도의 전업주부의 생활을 끝내고 다시 지금의 회사에 복직하게 되었다.

"어느 부서에서 어떤 내용의 일을 해보고 싶어?"

나는 특별히 마음에 정해둔 일은 없었다. 1년 반 정도의 공백 기간 동안 회사를 잊고 지낸 탓도 있었지만 회사를 그만두기 전에 나를 불태웠다고 생각했기에 새로이 도전을 해보고 싶은 일들이 구체적으로 떠오르지 않았다. 나는 웃으며 "특별히 없습니다."라고 말했다. 그러자 나의 상사는 마케팅 쪽의 일을 제안해 오셨다. 우연히 이야기를 하던 중 제품의 개발 업무에 관련된 일을 진행하는 팀을 나의 친한 후배가 담당하고 있는데 굉장히 힘들어하고 있다는 이야기를 듣게 되었다.

나는 개발 업무에 관련된 일을 하는 팀에 참가해 보겠다고 말씀을 드렸다. 상사는 놀라며 지금은 힘든 상황이라 불구덩이에 뛰어들게 할 수 없으니 그렇게 할 수 없다며 다시 생각하라고 말씀하셨다. 며칠 후 나는 역시 후배의 팀에 들어가겠다 말씀드렸고 나의 상사는 또 반대를 하셨다.

나는 이야기만 듣고도 어떤 상태인지 대충 짐작이 갔다. 나의 후배가 힘들어 하는 모습이 눈에 선했고 자신의 크루를 만들지 못한 상황이라면 단 한 명의 지지자가 큰 힘이 될 것이다. 그래서 더더욱 나는 그를 돕고 싶다고 생각했다. 그리고 실제로 힘들어할 모습을 생각하면 나도 마음이 아팠다. 나의 상사는 복직 후에 바로 들어가기에는 조금 무리가 있다는 이야기를 반복했고, 상사와의 다섯 번의 회의를 걸쳐 나는 후배의 팀에 합류하게 되었다. 그렇게 힘든 상황이라면 더욱이 한 명이라도 자신의 이야기에 귀를 기울여줄 수 있는 동료를 애타게 찾고 있을지도 모른다. 이때 당시의 상사에게는 지금 생각해도 죄송한 마음뿐이다.

　이 팀으로 출근한 첫날, 기뻐하는 후배의 환한 얼굴이 나를 맞아주었다. 그리고 또 한가지 나를 염려하고 배려해서 조언해주신 나의 상사의 걱정도 적중했다. 어떤 도전에도 희생은 따르는 법이다. 나는 스스로 자신에게 "실패하면 일어날 수 있는 최악의 사태는 무엇일까?" 질문을 던졌고, 그때 내린 결론은 '반드시 이 부서의 조직 풍토를 바꾸리라.'라는 것이었다.

　이 팀의 문제는 말수가 적은 사람이 많이 소속되어 있기도 했지만 서로 간에 아침 인사를 나누는 광경이 없었다. 몇 명의 여자 직원들이 네트워크를 만들고 전체의 소통에 불편함을 주었고 무엇보다 '정보의 공유'가 차단되어 있었다. 실무자 경험도 없이 갑자기 내가 리더로 등장했고 당연히 좋아할 리가 없다. 나는 먼저 '아침 인사 나누기'부터 실행했다. 인사란 메아리처럼 돌아오기 마련인데 목소리는 들리지 않고 마지못해 머리만 숙이는 친구도 있었고 나의 눈을 똑바로 쳐다보지 못하는 친구도 있었다. 모두 다 이런 분위기 속에서 긴 시간 일을 하며 이런 생활이 정상화되어 버린 것이다. 공유와 협업, 감사와 배려가 바탕에 깔려 있는 훌륭한 조직의 모습이 어떤 것인지 조금이라도 경험하게 해주고 싶었다. 함께 성장하는 팀의 일원으로 함께 성장하는 느낌이란 어떤 것인지, 그런 활력있는 팀의 키 맨(key man)으로 일하는 기분은 어떤 것인지 느끼게 해주고 싶었다. 그리고 무엇보다 자신의 일을 즐겁게 할 수 있는 마인드를 심어주고 싶었다.

6개월이 지나도 큰 변화는 일어나지 않았다. 당연하다. 보통 다른 많은 회사들도 이런 조직의 풍토를 개선하기 위해 많은 전략과 시간을 투자하지만 성공을 거두는 사례는 적다. 설상가상으로 나의 후배가 건강 상태의 문제도 요인이 되어 다른 부서로 이동을 하게 되었다. 나는 팀원들에게 실력으로도 당당하게 인정받고 싶었고 처음 해보는 업무들을 밤 늦게까지 배우고 또 외우고 습득했다. 나는 팀원들 중에 제일 실무자 경험이 없는 사람이었고 아직 신뢰가 쌓이지도 않았기에 선뜻 노하우를 공유해 주지는 않았다. 그래서 더욱이 일을 내가 제대로 알아볼 수 있는 시야를 키우도록 밤낮으로 공부했다. 매일 퇴근이 늦었다.

집에 돌아가면 깜깜한 밤이고 어린 딸아이는 잠이 들어 있었다. 아침이 되어 눈을 뜨면 잠시나마 엄마를 보고 웃으며 좋아한다. 그 시간도 잠시 다시 아이를 억지로 떼어 놓고 시어머니께 맡긴 후 회사로 향했다. 사방이 막혀 있는 느낌이었다. 그러나 내가 선택한 나의 도전이다. 그렇게 반대했던 상사를 위해서라도, 또 무엇보다 길을 알지 못해 그 길을 가지 못하는 지금의 나의 팀원들을 위해서 상황을 개선하고 같이 성장해 나가리라. 다시 한 번 다짐했다.

꾸준히 전진하면, 그리고 어디에서도 진실은 통하는 법이다. 일 년 정도의 시간이 지나갔다. 노력한 결과 업무 지식에 나도 조금씩 자신이 생겼고 모르는 내용은 당당하게 팀원들에게 질문하고 도움을 구했다. 내가 도움을 청해야만이 동료도 내가 도움이 필요한 줄을 안다. 그렇게 조금씩 분위기는 서서히 바뀌기 시작했고 나를 도와주려는 팀원들이 한 명 두 명 늘어났다. 내부의 신뢰가 쌓이는 모습을 보고 새로운 프로젝트들의 의뢰도 들어왔다. 누구보다 나의 상사가 놀라며 기뻐하셨다. 부서의 업무 확장도 기쁘셨겠지만, 뒤에서 남모르게 많이 도와주셨기 누구보다 기뻐하셨다. 지금 생각해 보면 청개구리처럼 상사의 권유에 반대되는 선택만 한 것 같아 너무나도 미안하고, 또 절로 웃음도 난다. 지금은 일선에서 물러나셨지만, 다시 또 나의 상사로 만나는 일이 있다면 다음번엔 상사의 의견을 절대 거역하지 않으리라.

"처음에 당신이 이 부서에 와서 갑자기 리더가 되었을 때, 긴 시간 동안을 이 일만을 하며 여기까지 쌓아 온 나의 능력은 인정받지 못하는 느낌이 들었어요. 일에 대한 지식도 내가 더 풍부하고 그래서 당신을 인정하기 힘들었어요. 또 내가 소중히 여긴 나의 일을 진심으로 대하는 사람인지 의문이었어요, 그냥 이 부서에서 대충 스펙을 쌓고 거쳐 가려는 사람이라고 생각했습니다. 당신이 싫었다거나 그런 건 아닙니다. 혹시 힘들게 했다면 너그러이 양해를 구합니다. 그리고 리더란 단지 하나의 뛰어난 기술만으로 담당할 수 없는 직책이라는 걸 알게 되었습니다."
모든 팀원이 모여 있었던 자리에서 한 팀원이 이렇게 말을 해왔다.

"이 업무에 대해 아무 지식도 없었던 제가 업무 지식을 얻게 되었고, 무엇보다 이제 든든한 동료를 얻게 되었습니다. 저도 감사의 마음을 전하는 동료들이 함께하는 팀의 일원이 될 수 있어서 영광입니다."라고 나는 말했다.

나폴레온 힐의 저서, 『나폴레온 힐의 성공의 법칙』에 이런 글귀가 나온다.

"'그것은 이루어질 수 없다.'라고 말하지 말라. 혹은 성공하는 다른 사람이 가지고 있는 그 무언가가 당신에게는 없다고 생각하지 말라. 만약 당신과 성공하는 사람의 '차이점'이 있다면 성공하는 사람들의 열망이 당신의 그것보다 더 열정적이고 더 크다는 것뿐이다.

성공하는 사람들에게는 독특한 특징이 하나 있다. 그것은 단순히 돈을 바라고 하는 일 이상으로 열심히 한다는 것이다. 쉽지 않지만 사실이다."

누구나 처음에 자신이 선택한 일이다. 포기하지 않고 끝까지 최선을 다해 나간다면 성공의 길이 열리리라 믿는다.

# 04

# 실패는
# 경험이지
# 상처가 아니다

내가 좋아하는 명언 중에도 특히 가장 좋아하는 에디슨의 명언이 있다.

"나는 실패한 것이 아니다. 잘 되지 않는 방법 하나를 안 것이다."

실패는 과정이라고 이야기하는 에디슨의 유명한 말이다. 그는 실행력과 꾸준함으로 드디어 전구를 발명하게 된다. 나도 이때까지의 경험과 실패의 과정들이 있었기에 지금의 성장을 이루었다고 생각한다. 그래서 지금도 어떤 일에 도전할 때 반드시 그 안에 해답이 있다고 생각하고 도전한다. 사람은 누구나 실패의 경험과 성공의 경험이 있다. 항상 성공만 하는 사람도, 항상 실패만 하는 사람도 없다. 포기하지 않고 도전하며,

실패한 경험에서 제대로 교훈을 습득하여 다음번 일에 얼마나 잘 적용하느냐가 중요하다. 실패한 원인을 알고 나면 다음에는 실패하지 않고 성공으로 이어 나갈 방법의 실마리도 보이기 때문이다. 그래서 새로운 도전으로 이어지는 실패는 자신이 원하는 성공을 위한 작은 성공이라고 생각한다.

직장에서 빠질 수 없는 중요한 하나는 '나의 계획을 발표하는 시간', 즉 프레젠테이션이다.

"열심히 준비는 했는데 생각보다 제대로 발표를 하지 못한 거 같아 아쉽습니다."

"누구나 다 한 번쯤은 하는 경험이야. 다음에 잘하면 돼."

우리 팀원이 처음 담당하는 프로젝트의 계획을 발표하는 시간이었다. 이 시간을 준비하느라 열심히 애쓴 모습도 보았기에 기대도 되었고 경청하고 있었다. 프레젠테이션에 앞서 참가자에게는 발표 자료가 미리 도착했었고 내용을 검토하며 잘 만들어진 내용이라고 생각했다. 그러나 많은 사람이 경청하는 가운데 발표자로 나설 때는 누구나 긴장하기 마련이다. 나도 마찬가지이다.

프레젠테이션에서 제일 중요한 포인트는 발표 내용을 자신이 완벽하게 이해하고 있어야 한다는 점이다. 가끔 어디선가 자료를 구해서 인용하기는 했는데 설명하지 못하는 팀원들이 있다. 특히 사회 초년생의 경우에 인터넷으로 많은 정보를 수집하고 그 내용을 토대로 보고서를 올리는 경우가 있다. 다른 사람이 정리해둔 보고서의 내용을 활용하는 것도 하나의 방법이다. 문제는 그 내용을 충분히 소화하지 못한 채 자신의 기획에 넣어서 발표하는 경우이다. 그러면 단지 자료의 내용을 읽어 내려가는 발표가 되어버리기가 십상이다. 이런 경우 상사나 동료의 질문에 대답하지 못하게 되고 무엇을 전달하고 싶은 프레젠테이션인지 참가자가 이해할 수 없게 된다.

직장 생활에는 심플하지만 항상 변하지 않는 원리 원칙들이 있는 것 같다. 예를 들어 이런 프레젠테이션 같은 경우도 마찬가지이다. 내가 납득이 되어 있지 않은 경우에는 남도 납득시킬 수 없다. 내용을 완벽하게 이해하고 '이것이 최선'이라 생각했을 때 스스로 하는 발표 내용에도 힘이 들어간다. 그러면 듣는 사람도 재미있고 집중을 하게 되며 전달하고자 하는 내용이 상대방에게 쉽게 전달이 된다. 고민이 될 때는 차라리 멋지기보다는 되도록 간단하고 쉬운 내용으로 작성하는 것이 바람직하다. 실력이 쌓이면 그때 가서 어려운 내용도 넣어보라고 후배에게 조언한다. 특히 요즘은 일의 질을 중요시한다. 시간을 절약하기 위해서 프레젠테이션도 알기 쉽고 간단한 내용으로 꾸미지 않고 복잡하지 않게 만드는 것을 선호하는 추세이기도 하다. 포인트는 온전히 이해하고 있는 내용이어야 자신 있게 발표도 하고 질문에도 자신 있게 나의 의견을 소신껏 대답할 수 있다.

다음으로 발표 자료는 보는 사람이 쉽게 이해되는 내용으로 풀어놓아야 한다. 자신은 그 내용을 몇 번이고 들여다보며 수정하는 과정에서 눈에 익어 있지만, 상대방은 프레젠테이션 시간에 처음 보는 사람도 있다. 상대방도 자기처럼 잘 이해할 수 있을 것으로 생각하면 오산이다. 특히 내용이 많고 어려우면 처음 그 자료를 보는 상사도 모든 내용을 한꺼번에 이해하기 힘들다. 짧은 회의 시간 안에 자신이 전달하고 싶은 내용의 포인트가 전해지지 않는 경우가 대부분이다. 아무리 최선을 다해서 열심히 준비한 내용이라도 상대방에게 전달이 되지 않으면 의미가 없다는 점도 반드시 염두에 두자. 내가 알고 있으니 남들도 알아줄 거라는 생각은 버려야 한다. 차라리 하나의 내용이라도 하나의 키워드라도 제대로 전달되었을 때 자신의 업무 성과로도 발전시킬 수 있다.

　마지막으로 회의의 본질적 목적과 취지의 파악이 부족한 상태에서 작성한 경우이다. 데이터와 집계 분석에만 집중하고 작성하게 되면 정작 무엇을 공유하기 위한 프레젠테이션인지 본질로부터 빗나가는 경우가 있다. 필요한 내용을 수집하는 과정에서 발표 자료를 모으고 완성하는 일이 목적이 되어 있는 경우도 있다. 정보 수집도 전략을 위해서 필요하지만, 전체적인 목적과 취지를 인식하면서 자신이 만든 자료를 중간중간에 객관적으로 보는 습관도 길러보자. 듣는 사람의 입장이 되어 생각해 보는 것도 좋다. 그들과 나는 왜 이 회의에 지금 참석하고 있을까. 이 회의가 개최된 주최 측의 주된 목적은 무엇이었던가. 다시 한 번 이런 관점에서도 생각해 보면 작성 과정에서 막히는 문제를 푸는 힌트를 얻을 수 있다. 모든 업무나 일을 처리하는 과정에 있어서 항상 '상대방의 입장에서 한번 생각을 해보고 분석'하는 습관을 기르도록 하자. 이렇게 실력이 쌓이면 당연히 자신이 원하는 성과도 어느 정도 얻을 수 있을 것이다.

현대그룹 고(故) 정주영 회장은 이런 말을 남겼다고 한다. "어떤 일을 할 때는 경력이나 학벌이 일을 하는 것이 아니고, 그 시점에서 그 사람의 마음가짐과 자세가 일을 한다. 어려운 일이 있으면 문제를 해결하기 위해서 혼신의 노력을 기울여야 한다. 극복하지 못할 이유는 존재하지 않는다. 따라서 노력하는 사람에게는 이유 같은 것이 아무 문제도 되지 않는다." 모든 일은 성실함과 꾸준함이 중요하며 불가능하다고 생각하기보다는 '가능한 방법'을 찾으라는 교훈을 배울 수 있다. 실패의 경험을 단지 '실패'로만 생각하는 사람도 있다. 아무리 좋은 기회가 또 주어진다고 하더라도 같은 실패를 반복하기 쉽다. 이미 마음이 실패의 기억으로 가득 차 있기 때문이다. 과거의 실패한 경험에 집중하지 말고 실패한 경험을 통한 새로운 배움과 실패의 가치에 집중하도록 하자. 모든 일도 처음부터 잘하는 사람은 없다. 경험이 가장 가치 있는 성과물이라고도 말하지 않는가. 성공도 실패도 스스로 체험하지 않으면 알 수가 없다. 영국의 이론 물리학자인 스티븐 호킹 박사는 "시련 속에서 지혜를 얻게 된다."는 명언과 함께 수많은 감동의 메시지를 우리에게 전해주고 있다. 실패나 시련을 두려워하게 되는 순간 성장은 멈추어 버린다.


"한 번도 실패하지 않는다는 건 새로운 일을 전혀 시도하고 있지 않다는 신호다."라고 우디 앨런은 말했다. 돌이켜 보면 나도 수많은 실패의 경험이 있었으나 실패로부터 얻은 교훈 또한 큰 의미가 있었다. 나를 다시 도전하게 했고 그 반복되는 과정의 결과로 지금의 내가 존재한다. 성공한 사업가나 강연가, 학자들 이 세상의 성공한 모든 사람이 자신이 겪은 실패의 경험을 이야기한다. 그만큼 가치 있고 무엇보다 실패에서 얻은 교훈을 공유하려 한다. 그리고 우리는 그런 교훈으로부터 감명을 받고 동기 부여를 받는다.

버트런드 러셀은 이런 명언을 남겼다.

"진정으로 권위가 있는 사람은 실수를 인정하는 것을 두려워하지 않는다." 우리도 자신이 하고 싶은 일에 용기 있게 도전하고 실패의 경험도 나를 성장시키는 기회로 만들어 가는 연습을 해보자.

# 05

# 상사의 심리를
# 공부해야 하는
# 5가지 이유

요즘은 코로나로 인해 모든 생활이 비대면으로 점점 바뀌어 가고 있다. 예전에는 주말이 되면 다른 회사에서 근무하는 지인들과 함께 식사도 하면서 여러 가지 직장 생활의 다양한 사례를 공유하며 서로 격려도 하고 웃기도 하고 조언도 받으며 시간을 보내곤 했다. 회사원들은 만나면 역시 회사의 이야기를 많이 한다. 팀장직의 여자분들은 연령대가 다양한 남자 부하 직원을 교육하는 노하우를 공유하기도 하고, 관리직의 남자분들은 신입사원 연수에 관한 이야기라든지 말을 걸기 힘든 여자 직원 이야기 등 내용도 정말 다양해서 나는 참 많은 도움을 받았던 기억이 난다. 항상 결론은 상대가 누구라도 용기를 주고 자기의 일에 열정을 가지도록 이끌어 가야 한다는 점은 모두의 공통된 생각이었다.


"경력이 아주 오래된 여자 직원이 있는데 일은 별 차질없이 잘하지만 자기의 생각이 너무 강해서 동료들과의 건전한 소통은 물론 직속 상사와도 충돌이 많아서 어떻게 대처해야 할지 고민이야."

이날의 모임은 관리자의 직책에서 업무를 수행하고 계시는 분과 실무자로서 현재 열심히 현장의 업무에 충실하며 앞으로 리더를 꿈꾸는 젊은 친구들이 참가하고 있었다. 자신이 리더가 되었을 때 발생할 수도 있는 사례이다. 나도 이런 문제를 어떻게 대처하고 이해하는지 귀를 쫑긋 세우고 이야기를 듣고 있었다.

20년 가깝게 같은 업무에 종사하고 있는 여자 직원이 자신의 업무를 처리하는 방식과 방향성을 상사의 지시를 무시하고 독단적으로 끌고 나간다는 내용이었다. 오늘 이야기를 해주신 분이 이 여자분의 상사이고 대책을 세우기가 힘들다는 내용이었다. 게다가 이 여자분께서는 자신의 주장을 세우기 위해서 다른 동료들에게 상사의 말을 나쁘게 하고 자신의 입장을 유리하게 만들기 위해서 상사에게 보고해야 할 내용을 직속 상사가 아닌 그 위의 상사에게 보고한다는 것이었다. 더구나 그런 상황에서 이 여자 직원은 리더 직위에 오르고 싶어 한다는 것이었다.

사람은 누구나 자신의 입장에서 이야기하는 경우가 많다. 설사 그렇다고 치더라도 여자 직원의 처세는 조금 과한 부분이 있다. 일하다 보면 자신의 상사가 부족해 보이는 점이 보일 수도 있다. 그러나 회사도 아무나 승진을 시키지는 않는다. 마음에 맞지 않더라도 상사의 좋은 면과 배울 점을 찾아 타협해 나가는 노력도 필요하다. 특히 자신이 앞으로 관리자로서 활약하려고 생각한다면 더더욱 자신의 길을 먼저 걷고 있는 선배를 깎아내리는 일을 하면 안 되지 않겠는가. 결국, 자기에게 돌아올 이득은 아무것도 없다.

회사에는 여러 가지 유형의 사람이 있다. 커뮤니케이션 오류로 업무를 단절시키고 각종 불만과 불신 등을 이야기하는 사람도 있다. 조직에는 이처럼 여러 가지 관리해야 하는 리스크가 존재한다. 리더는 수시로 생기는 이런 오해와 갈등을 풀고 없애는 지속적인 노력을 해야만 하고 그래서 잦은 소통의 시간을 갖는 것이 중요하다. 어쩌면 이 여자분도 자신의 마인드를 바꿀 기회가 주어지지 않았는지도 모른다. 마음을 털어놓고 이야기할 수 있는 동료나 상사가 있었더라면 이 지경까지 오지 않았을지 모른다는 생각도 들었다.

운동선수에게도 코치가 필요하듯이 나의 업무를 냉정히 모니터링하고 나의 역량을 끌어내는 일을 하는 사람이 바로 나의 상사이다. 직장 생활에서 모든 것을 혼자서 해결해내기란 어렵다. 팀원의 성과 또한 상사의 업무 관리 능력에 포함이 된다. 당연히 상담을 해오는 부하에게 상사는 도움을 주려고 애를 쓴다.

나 또한 과거 상사의 이해와 도움으로 기대 이상의 큰 성과가 이루어진 경험을 한 적이 있다. 내가 상사의 생각을 이해하고 움직일 때 빠르게 성과를 낼 수 있었다. 또 상사가 나를 인정할 때, 나의 가치관과 행동 기준 또한 인정받으며 업무의 정황 보고나 진행 과정에 관한 소통도 원활하고 순조롭다. 그래서 시간을 효율적으로 사용할 수 있다. 당연히 여유를 가지고 진행하는 업무의 성과는 질이 좋고 높은 평가로 이어지기 쉽다.

어떤 일을 계획하고 진행할 때 자신이 인정받지 못하고 있는 느낌이 든다면, 설명이나 소통에 먼저 시간을 투자하는 전략도 고려해보자. 소통이 부족한 상황에서는 성과물의 질도 낮아질 확률이 높기에 빠르게 상사나 선배의 조언을 구하는 것이 현명할 때가 있다. 상사와의 관계는 이렇듯 세세한 부분에도 작용하기에 자신의 프로젝트에 상사를 적극적으로 끌어들이고 활용하라고 말한다. 상사의 도움으로 성과물의 가치가 극대화되면 자신도 즐겁지만 좋은 결과를 거둔 프로젝트에 참여한 상사 또한, 즐거워할 것이다. 어차피 해나가야 할 직장 생활이라면 상사나 동료의 네트워크도 나의 성장에 과감하게 끌어들여 보자. 밝고 긍정적인 생각과 마인드라면 신뢰가 쌓이고 모두가 나에게 도움을 줄 것이다.


상사도 부하도 매번 성공할 수는 없다.

"부하 직원의 평가 시트를 쓸 때 매번 어떤 조언을 해주는 게 좋을지 고민할 때가 있어요" 다른 회사에서 팀장직을 맡고 있는 여자분이다. 업무 결과의 평가도 중요하지만 동기 부여를 해주고 싶은데 어떤 말을 전하는 게 팀원이 용기를 내는 데 도움이 될지 모르겠다는 말이었다. 나도 과거에 담당한 지 얼마 안 되는 팀에 동기 부여를 어떻게 하고 팀워크를 어떻게 만들어갈지 고민한 적이 있었다. 나는 그때 '팀원들 한 명 한 명의 개인 차트'를 만들었다. 구성원들의 취향이나 성향 등 커뮤니케이션에 시간을 투자하고 얻은 소중한 정보를 기록해 둔다. 소소한 내용이지만 자신이 한 이야기를 기억해주는 상사라면 신뢰도 높다. 머리로 영원히 기억해 둘 수 없기에 뇌의 기능의 부족함을 항상 메모를 통해 커버한다. 이런 정보를 피드백 시간이나 업무평가 시트에 메시지를 기록할 때 꺼내보며 참고로 하기도 했다. 그리고 소소한 내용이지만 다양한 형태의 소통 역할을 해 생각보다 훨씬 팀원들 간의 관계성이 끈끈해지고 팀워크가 좋아진다.

물론 이런 소통은 굉장히 중요한 일이기는 하나 항상 시간과 에너지를 필요로 한다. 참고로 나는 업무시간 중에는 언제라도 소통이 가능한 상태를 만들어 두어야 하기에 중요한 일들은 그날의 업무 시작 전의 아침 시간을 활용한다. 몰입할 수 있는 시간에 최대한 그날의 중요한 결정 사항들을 미리 처리해 둔다. 단련이 되면 엄청난 시간의 효율성을 경험하게 될 것이다. 그날의 업무 지시사항도 업무 시작 전에 미리 메일로 보내 둔다. 업무가 시작되고 담당자가 메일함을 열었을 때 보통 그날의 도착한 메일을 순서대로 확인하기 때문이다.

리더십으로 중요시되는 자질에는 일에 대한 추진력이나 인원 관리 등 여러 가지 능력을 꼽을 수 있다. 그러나 나의 팀원을 소중히 여기고 팀 분위기 조성을 신경 쓰는 팀원들이 리더로 추천되는 경우가 많다. 출중한 서류 작성 실력보다 동료의 상태와 마음을 어루만지는 열정을 가진 리더를 팀원들도 원한다. 그리고 이런 사람들은 대부분 업무의 계획이나 데이터, 점검, 피드백 등의 '프로세스'에서도 뛰어난 능력을 보이는 경우가 많다. 협업으로 빠르게 성과를 이루어내는 일의 효율을 알기 때문이다. 관리자에게는 전문적인 자질이나 조직을 운영하는 능력도 물론 필요하지만, 무엇보다 사람으로서의 자질이 제일 중요하다. 세계의 유명한 CEO들도 사람의 됨됨이를 리더의 기본 자격으로 이야기하는 경우가 많다. 또 중간관리자의 경우는 고위 경영진과 원활하게 의사소통도 하면서 팀원들에게 필요한 정보를 아낌없이 전달하고 동기를 부여해야 성과를 높여나간다. 예를 들어 고위 경영진과 팀원과 하는 삼자 면담에서는 팀원의 칭찬을 아끼지 말자. 달성한 성과에 대한 평가와 보상도 투명하게 공유하면 자연스레 팀원의 협력도 따라온다. 지금부터 상사의 자질을 공부하고 심리를 이해하며 자기를 성장시켜 더 멋진 선배, 더 멋진 상사가 될 준비를 시작해 보자.

업무 좌석을 이동하는 계획이 있었다. 기존에는 팀장 자리를 상석으로 그 아래 팀원 좌석이 배치되는데 나는 직급 구분 없이 섞여 있는 형태로 좌석 배치안을 제출했다. 옆에서 나란히 앉아 일하는 것이 매일 말을 걸기도 하고 농담도 주고받으며 대화를 나누기 쉽다. 실제로 오픈된 환경이 오해가 생겨도 풀기 쉽고 친근한 대화가 이루어져 일의 효율이 향상된다. 업무의 효율성이 높아지면 저절로 동료에 대한 신뢰가 쌓인다. 일에 대한 자신감도 생겨난다. 일의 질이 향상되고 자연스럽게 기대 이상의 성과를 내기도 할 것이다. 처음부터 달인은 없다. 하루하루가 쌓여서 장인의 길로 가게 만드는 것이다.

업무 피드백의 시간에 가끔 직속 상사와의 문제로 고민하는 상담을 받을 경우가 있다.

직장 생활에 있어서 나와 상사의 관계를 '두 그루의 나무'에 비유해서 이야기하곤 한다. 어떤 연구에 따르면 건강하지 못한 나무뿌리의 밑동에 영양분을 주었을 때 시간이 지나고 조사해 보니 그 옆에 있는 나무뿌리에서도 같은 영양 성분이 추출되었다고 하는 말을 들은 적이 있다. 대지의 양분을 같이 흡수하고 무럭무럭 성장하는 두 그루의 나무와 같이 상사와 나도 함께 성장해 나가는 관계라고 생각한다. 자신이 상사가 되었을 때 어떤 모습을 하고 있을까 하고 미리 상상해 보는 것도 즐거울 것 같다.

## 06

# 단 1초라도
# 긍정적 사고방식으로
# 바꿔라

니체의 "그대가 아무것도 성취하지 못했을지라도 자신을 존경하라. 거기에 상황을 바꿀 힘이 있으니."라는 말이 있다.

자신이 옳다고 생각하는 기준이 없는 사람은 불안하고 흔들리기 쉽다. 그래서 자신을 믿고 나아가기가 어려운지도 모른다. 반면 어떤 상황에서도 자신을 존경하고 상대를 존경하는 사람은 힘든 상황이 닥쳐도 상황을 바꾸고 이겨내는 힘이 생긴다. 나의 역량이나 앞으로의 꿈과 가능성에 대해 자신의 언어로 동료와 상사에게 이야기해본 적이 있는가?

많은 경험을 하는 것도 중요하지만 그 경험을 통해 자신의 생각이나 행동, 그리고 가치관이 어떻게 바뀌었는가가 더 중요하다.

"상대방의 관점에 문제가 있다고 생각합니다. 저는 매뉴얼에 나온 대로 작성했고 성과물에는 아무런 하자가 없다고 생각합니다. 문제는 제게 있는 것이 아니라 상대에게 있습니다."

업무를 맡긴 지 6개월 정도 지나고도 관련 부서와 의견 충돌이 계속 일어나고 있었던 남자 직원이 있었다. 피드백과 끊임없는 소통을 통해 남자 직원을 격려하고 같이 문제점을 분석하고 정리해오고 있었다. 함께 이야기를 나누고 있을 때는 공유한 내용으로부터 대책 방안과 결과물의 방향성을 스스로 끄집어내고 대처할 수 있는 자신감이 보이는데 미팅이 끝나고 다시 혼자로 돌아가면 같은 상황을 반복하는 상태였다.

관련 부서와의 메일이나 소통도 항상 중간에서 내가 조정을 했다. 이 친구를 위해서도 상황이 빠르게 개선되기를 바랐다. 도와주려는 나보다 문제를 일으킨 본인이 제일 힘들어하고 있을 것이 분명하기 때문이다. 그러나 똑같은 상황을 반복하는 과정에서는 당연히 상대방에 관한 좋지 않은 감정이 쌓일 것이고 바뀌지 않는 관점 그대로 계속 상대를 바라보게 된다. 마인드의 변화나 의식의 개선이 필요하다고 생각했다. 이대로라면 호전될 가능성이 없고 누구보다 당사자인 본인이 제일 괴로워하게 된다.

우리는 누구나 원만한 직장 생활을 원한다. 이 친구도 머리로는 이해하는데 행동이 따라주지 않는 상황이었다. 감정이 먼저 올라오고 그러면 항상 습관처럼 감정에 지배되고 만다.

아무리 싫은 상대라도 같이 일을 하다 보면 감사한 순간도 있다. 그래서 이런 상태가 계속되면 생각은 있는데 감사의 마음이 말이나 행동으로 잘 표현되지 않는다. 안타깝지만 마음이 움직여야 행동도 바뀌는데 긍정적인 마인드를 지니게 되는 변화는 하루아침에 이루어지는 것이 아니었다. 하루에 1초라도 긍정적인 마인드의 사고방식으로 바꾸는 노력이 중요하다.

지금까지의 자신의 행동 방식과 생각이 지금의 자신을 만들어왔다. 그런데 무언가 술술 풀리지 않고 막힘이 느껴지고 충돌이 생긴다면 그건 자신의 마인드를 긍정적으로 바꾸어야 한다는 신호라고 생각한다. 회사 생활이 길면 길수록 주위의 부정적 사고방식이나 어두운 면을 보는 일도 생기게 된다. 자신의 감정이 불투명할 때 자칫 휩쓸려 버릴 수 있다. 나의 발전도 멈춰지고 작은 실패에 쉽게 무너지며 기분이 우울해진다. 어느 직장에서도 볼 수 있는 흔한 이야기이다. 그래서 힘들 때는 더욱 용기를 내고 긍정적인 마인드로 하나씩 문제를 해결해 나가며 작은 성공이라도 쌓아가는 습관을 길러야 한다.

이런 경우에 업무에 상관없는 농담이나 웃음 섞인 이야기를 상대방과 공유하는 것도 좋은 방법이다. 상대방도 나를 모르고 나도 상대방이 어떤 사람인지 눈으로 보기만 해서는 알기가 어렵다. 상대방의 성격이나 일에 대한 성향을 분석하는 데 부드러운 대화만큼 좋은 것도 없다. 업무의 어떤 점을 중요시하는지, 어떤 생각을 가지고 지금의 일에 임하고 있는지 관심을 가져보자. 실제로 업무보다 어쩌면 이런 소통이 더 중요할 수 있다. 왜 그럴까? 일은 사람이 한다. 아무리 데이터와 정보가 있어도 그리고 프로젝트 설계 계획서가 있더라도 일을 진행해 가는 멤버들의 생각과 가치관이 제대로 반영되고 협력이 이루어질 때 진정한 가치를 드러내는 프로젝트가 완성된다. 그래서 같은 프로젝트도 결과물이 다 다르다.

자신이 상대방에게 좋은 감정을 가지고 있지 않을 경우, 상대도 나의 감정을 읽으며 그런 상황에서 원활히 소통이 이루어지는 경우는 거의 없다. 업무 결과도 부진할 테고 결국 자신에게도 상대에게도 좋은 일은 없다. 더욱이 자사의 업무 향상을 위해서 시간과 돈을 투자하고 기획한 일들이 나의 감정 때문에 제대로 성사되지 못하는 안타까운 결과를 낳을 수도 있다. 무엇보다 자신에게 주어진 기회를 아깝게 버리는 결과를 가져올 수 있다. 팀원이나 조직의 불이익도 생각해야 하지만 우리는 회사에서는 각자의 업무를 담당하는 한 회사의 구성원이다. 내가 담당한 프로젝트가 잘되어야 팀과 회사에도 도움이 되는 결과로 이어질 수 있다. 일을 할 때는 항상 긍정적인 사고방식을 가지고 넓게 큰 그림을 보는 사람이 되자.

처음 만나는 사람이나 새로운 멤버로 구성된 회의에 들어가게 되면 항상 내가 먼저 인사를 하고 말을 건다. 명함도 이럴 때 사용하라고 있는 것이다. 할 말이 없어도 자기소개라도 할 수 있기 때문이다. 상대가 상사이든, 부하이든, 관련 업체이든, 직위 고하는 상관없다. 일의 결과를 좋게 만드는 것이 목적이다. 내가 상대를 파악해야 일도 순조롭게 풀린다. 프로젝트가 성공하면 나만 좋은 게 아니라 팀은 물론 프로젝트에 관여한 모든 사람이 함께 기쁨을 나눈다. 마치 연말 시상식에서 감사한 사람들의 이름을 하나하나 언급하며 감사를 전하는 것과 같이 힘든 과정을 극복하고 난 후 동료애가 생긴다. 그렇게 성공으로 이끌어 간 과정이 자신을 성장시키고, 참가하길 참 잘했다는 생각도 하게 한다. 그리고 다음번에도 또 이 사람과 함께하고 싶다고 생각하게 되고 또 다른 기회로 이어진다. 무엇보다도 이런 성공 경험이 무엇과도 바꿀 수 없는 큰 가치가 있다. 처음부터 잘되는 일은 없다. 반복해서 연습하다 보면 나의 기분이 상대에게 전달되고 상대방도 나를 향한 마음이 바뀌어간다.

직장 생활에 하루의 시작은 동료들과 나누는 밝고 활기찬 인사와 웃음소리로 시작해야 한다. 상대에게 잘 들릴 수 있도록 큰 소리로 인사를 한다. 커뮤니케이션 부족으로 힘들어하는 팀원에게는 '1일 1감사' 실천을 권유하기도 한다. 메일도 괜찮고 직접 말로 전달해도 괜찮다. 처음에는 '1일 1감사'를 시작하면 왠지 모르게 쑥스럽다고 한다. 또 뭘 칭찬해야 할지 선뜻 뭐라고 감사의 말이 나오지 않는다는 것이다. 어떤 형태로든 '감사는 마음이 전달되는 것'이 중요하다. 감동적인 문구나 훌륭한 스피치가 아니어도 괜찮다. 간단하게 전달하고 싶은 내용을 평소에 메모해 두어도 좋다. 언제라도 감사의 말 한마디를 자연스럽게 건넬 수 있게 말이다. 특히 처음 만나는 상대의 경우는 억지로 칭찬을 할 필요는 없지만, 사람이란 대화를 나누다 보면 그 사람의 장점이 보이기 마련이다. 한마디라도 나의 마음이 전달되는 감사를 주고받는 습관을 길러보자.

감사하는 습관을 기르면 마음이 치유되고 표정이 밝아지며 자신의 기분 또한 점점 바뀌어 가는 경험을 하게 된다. 긍정적인 마인드로의 체인지는 커다란 개혁보다는 작고 소소한 행동의 실천으로 이루어진다. 처음에는 실천하기 힘들지 모르지만 두 번 하면 조금 덜 힘들고, 세 번째는 자연스럽게 더 잘할 수 있다. 의심하지 말고 자기를 믿고 꾸준히 실행해 나가자. 이렇게 꾸준히 쌓아온 긍정적 마인드의 힘은 나를 단단하게 만들고 어려운 위기에서 나를 지탱해주는 큰 힘이 된다. 말로만 외치는 게 아니라 일상적인 행동으로 실천하고 습관이 되어야 한다. 학벌이나 실력보다 중요한 것이 '일에 대한 태도'와 '신념', '철학'이다. 특히 요즘과 같은 과거에서 미래를 추측할 수 없는 시대의 경우, 지금의 상황을 이해하고 업무의 방향성을 예측한 뒤 자신의 네트워크를 활용하고 사람들을 개입시켜 결과물을 만들어가야 한다. 소통과 협업이 없이는 성과물을 만들어내기 어렵다. 그 과정에서 힘든 상황에 부딪힐 때 수많은 고비를 넘게 해주는 힘이 나의 긍정적인 마인드이다. 기업과 학교에서도 이런 내용을 강조한 교육들이 많아졌다. 긍정적인 마인드는 가정이나 학교에서 그리고 사내 교육에서도 교정하기 힘든 스킬 중의 하나이다. 그렇기에 일상의 생활 속에서 꾸준히 자기 자신이 긍정적인 마인드를 키워나가야 한다. 긍정적인 마인드는 이 시대의 모든 분야에서 최고의 값어치로 평가받고 있는 역량 중의 하나라고도 말할 수 있다.

조직의 비전이나 목표에 관한 인식도 마찬가지이다. 우리가 목표를 긍정적으로 추진해 나가면 '성공 메커니즘'이 작동할 것이고, 부정적인 마음으로 바라본다면 아마 실패할 확률이 높아질 것이다. 긍정적인 마인드로 바라보면 자연스레 상대에게 감사하고 상대를 칭찬하는 마음이 생긴다. 남을 칭찬할수록 자신의 성장과 성공 또한 가까워진다는 사실도 잊지 말자. 다른 사람들과 보이지 않는 성을 쌓는 일은 이제는 그만두도록 하자. 그리고 항상 긍정적인 사람들과 함께하자. 긍정적인 마인드가 바탕이 된 팀워크가 이루어질 때 모든 문제를 풀어가는 해법이 보인다. 지금도 '하루에 세 번 이상은 누군가에게 감사를 전달하기'가 매년 나의 목표에 들어가 있다. '감사의 힘'을 경험하는 순간 '긍정적 마인드의 위대함'도 재정의하게 된다.

단 1초 만이라도 사고방식을 긍정적으로 바꾸는 노력을 꾸준히 해나간다면 나의 미래의 모습은 지금보다 더욱더 멋지게 변화하고 있을지도 모른다.

# 07

# 작은 성취로
# 자존감을
# 높여라

생텍쥐페리는 이렇게 말했다.

"나에게는 누구에게라도 그가 자신을 과소평가하게 하는 말이나 행동을 할 권리가 없다.

중요한 것은 내가 그 사람에 대해서 어떻게 생각하느냐가 아니고, 그가 그 자신을 어떻게 생각하느냐 하는 것이다. 사람의 존엄성에 상처를 주는 것은 죄악이다."

직장 생활을 20년 넘게 경험하며 여러 부서에서 사내 직원들을 포함해서 관련 업체 사람들까지 1,000명 정도에 가까운 사람들과 만남이 있었던 것 같다. 수많은 사람과의 다양한 만남 속에서 값진 경험을 했다. 그냥 스쳐 지나가는 인연도 있었고 내가 열심히 교육한 후배도 있었으며 또 내가 동료와 상사로부터 큰 배움을 얻기도 하였다.

　모든 일과 업무의 중심에는 상대방에 대한 배려와 상대에게 이득이 되고자 하는 마음이 바탕이 되어야 한다. 이런 마인드로 사람을 대하는 태도가 습관으로 자리 잡은 사람이 큰 성공을 이룬 사례도 책이나 정보들을 통해 우리는 익히 알고 있다. 누구나 한 번쯤은 상대에게 베푼 격려와 배려가 결국은 자신의 이익으로 돌아온 경험이 있지 않을까 싶다. 그리고 상대에 대한 배려나 자상함을 베푸는 사람들의 공통점은 '자존감이 높다'는 것이다. 그 말도 맞는 것이 자신을 소중히 대하지 못하는 사람이 남을 소중히 대하는 방법을 모르는 것은 당연한 이치인지도 모른다.

　어느 회사나 중간 관리직의 직무를 담당하고 계시는 분들은 각양각색의 직장생활 에피소드를 가지고 계실 것이다. 중간 관리직은 현장과 경영진을 넘나들며 효율적인 의사소통을 도모하는 일도 담당한다. 발생한 문제들을 상부에 보고도 하고 현장에 필요한 대책도 세우고 정보 조달도 해야 한다. 그래서 현장에서 벌어지는 다양한 케이스의 모든 문제를 다 파악하고 있다고 해도 과언이 아닐 듯싶다. 특히 일 처리를 할 때 직접 판단을 해야 하는 입장이 되기도 하기에 현장으로부터 받은 보고 내용을 누구보다 상세히 검토한다.

　직장 생활에서 일어나는 많은 문제 중에는 개인의 낮은 자존감이 원인인 경우도 적지 않다. 나의 팀원이었던 분 중에 기억에 남는 남자 직원분이 있다. 나의 팀에 합류했을 당시 여러 문제로 인해 자존감이 많이 떨어진 상태에서 일에 대한 의욕도 별로 보이지 않는 상태였다.

"어떻게 의사소통을 해야 할지 별로 자신도 없고 원래 말수도 적어서…. 제가 담당해야 할 업무를 잘 진행할 수 있을지 고민이 됩니다."

"누구는 처음부터 다 잘하나요. 그냥 하시던 대로 너무 무리도 하지 말고 꾸준히 조금씩 나아가면 됩니다."

새로운 일에 대한 불안감도 있었겠지만, 이전의 부서에서 실패한 경험들이 발목을 붙잡고 있는 모습처럼 보였다. 많은 사람을 상대해오면서 쌓인 노하우라고나 할까. 대충 무엇이 그 사람의 트라우마인지 이야기를 해보면 짐작이 갈 때가 있다. 이분 또한 원활한 소통을 하지 못했고 자신의 역량을 펼쳐보지도 못한 채 거꾸로 사람들로부터 오해를 사고 그런 상황에서 자신감을 잃은 상태라고 짐작했다. 그러나 우리가 회사를 그만두지 않는 이상, 아니 회사를 그만두고 창업을 한다고 하더라도 사람과의 소통은 피해갈 수 없는 과제이다.

일을 시작하고 한 달이 지나고 두 달이 지나도 별다른 업무의 상태에 관해 올라오는 보고가 없었다. 알면 아는 대로 모르면 모르는 대로 지금 파악된 상황을 이야기해주면 되는데 아무리 기다려도 연락이 없었다. 그래서 나는 다시 일대일 미팅을 잡고 이유를 물어보기로 결심했다.

"사실은 메일로 전달하고 싶은 내용을 써 내려갈 수가 없었습니다. 상대에게 또 오해를 살 수 있다는 생각에 쓴 글을 지우고 다시 읽어보고 또 수정하고…. 그렇게 반복하다 보니 손이 멈춰버립니다."

과거의 커뮤니케이션 트러블이나 사람과의 소통에서 실패한 경험이 많은 사람의 경우에 이런 마음의 상처를 가지고 있는 사람이 있다. 아마 경험이 있으신 분이라면 이해하실지도 모르겠다. 나는 조용히 그분이 작성해야 하는 메일을 대신 작성했고 서명만 바꾸어서 송부하도록 지시했다. "네, 그렇게 하도록 하겠습니다." 묵묵히 대답하시고 우리는 그렇게 6개월 정도를 내가 작성한 메일을 서명만 바꾸어 대신 송부하는 일상이 시작되었다. 작은 성취감이라도 이루어지면 자신감을 회복할 수 있지 않을까. 그런 계기가 되었으면 좋겠다고 생각했다.

메일을 받은 상대로부터 답장이 오고 또 이쪽에서 메일을 보내고…. 그렇게 아무것도 특별하지 않은 회사의 하루 일상이 흘러갔다. 한 가지 달라진 점이 있다면 '보내준 메일의 내용이 잘 이해가 되지 않는다. 다시 한번 설명해 달라'는 등의 클레임을 요구하는 연락은 오지 않는다는 것이었다. 6개월 정도 후에는 본인에게 다시 완전히 맡기려고 기한을 정했다. 그동안에 작지만 메일 송부의 소소한 성공 경험이 쌓이고 그러다 긍정적인 마인드로 바뀌면 자존감을 회복할 수 있으리라 생각했다. 회사는 시간과 인력을 투자하는 모든 일에 결과가 따라야 한다. 나도 솔직히 자신은 없었다. 어떤 결과로 돌아올지. 그래도 판단하기보다는 그냥 나를 믿고 무조건 실행에 옮기는 때도 있다. 어쩌면 이런 경우가 솔직히 더 많은지도 모르겠다. 모든 결정은 시간이 지나고 나서 결과로 나타나고, 그때가 되어서야 그 결정이 잘한 판단이었는지 아닌지 제대로 알고 분석할 수도 있다.

처음에는 아무런 특별한 변화는 없었다. 시간이 지나면서 어떻게 메일을 쓰는지 어떻게 소통하는지 조금씩 포인트를 알아가고 있었다. 그래서 처음에는 메일 전체 내용을 전부 다 대신 만들어주었지만, 점차 메일의 뼈대는 내가 만들고, 본인이 메일의 내용을 채워 나가는 형태로 발전해 나갔다. 이런 과정을 겪으며 작은 변화가 생겼다. 관련 업체나 상대방으로부터 메일을 받으면 내가 체크하기 전에 미리 자신이 메일 내용을 작성해보고 나에게 점검해달라 연락을 해왔다. 표정도 밝아졌고 목소리에 힘이 들어갔다. 그렇게 소소하고 작은 메일 쓰기 문제의 극복이 그 직원의 자존감을 높이는 기회가 되었다.

담당하는 팀원이 많은 경우에 나는 팀원들의 업무에 관련된 스킬이나 잘하는 일, 싫어하는 일, 좋아하는 노래, 주특기, 잘 먹는 음식 등 팀원과 관련된 내용은 메모해서 남겨둔다. 정기적인 피드백이나 일대일 면담에서도 나의 기억력을 대신해서 훌륭하게 일을 해주기 때문이다. 나이가 들면 들수록 뭐든 잊어버리는 경우가 많아진다. 상담을 해오는 사람의 입장에서는 신중하게 모처럼 큰맘 먹고 털어놓은 이야기일 수도 있다.

그런데 이야기를 듣고 난 자리에서 까먹고 나중에 기억도 하지 못한다면 매우 섭섭할 것이다. 그리고 두 번 다시 그런 사람에게 자신의 마음을 털어놓고 싶은 마음은 생기지 않을 것이다.

내가 실무자로 있을 때 팀원의 이름도 거의 기억을 못 하고 상담 내용도 잊어버리며 심지어 내가 한 이야기의 일부도 제대로 기억을 못 하는 상사가 있었다. 팀원들로부터 거리감이 생기고 공감도 얻지 못했다. 내가 상대를 기억하지 못하면 상대도 나를 기억해주지 않는다. 그래서 지금도 나에게 연필과 종이는 업무에 있어서 누구보다 훌륭한 나의 오른팔이다. 나의 두뇌를 보필해서 나의 손이 대신 열심히 적어둔 메모는 팀원의 피드백에도 든든한 지원군이 되어준다. 이분의 이야기도 조언이 필요한 사항과 함께 전에 적어놓았던 메모를 보고 기억이 났다.

하나가 이루어지면 모든 것을 이루어 나갈 수 있는 자신감을 얻게 된다. 작은 성공 사례가 모이면 자신감이 생기고 큰 성공의 타이밍도 보이는 여유가 생긴다. 자존감이 떨어질 때는 소소하고 작은 성공이라도 계속 쌓아 나가는 연습을 해보자. 자신에 대한 믿음이 강해지고 무엇보다 자존감이 높아진다. 긍정적인 마인드로 바뀌면 상대방을 신뢰하는 마음도 커지고 그러면 상대도 나를 신뢰하게 된다. 서로에게 선순환이 계속 이어진다. 항상 실패에 집중하지 말고 '성공에 집중하는 습관'을 가지자. 자신의 이루고 싶은 모습에 집중하고 앞으로도 나아가자.

오프라 윈프리의 말이 생각난다.

"당신은 움츠리기보다 활짝 피어나도록 만들어진 존재입니다."

## 4장

회사가 인정하는
사람들의
7가지 비밀

# 01

## 대안을
## 제시하는 사람이
## 되라

일론 머스크는 "계란을 한 바구니에 담아도 된다. 그 바구니 속에서 일어나는 일들을 컨트롤 할 수 있다면."이라고 말했다. 한 바구니 안에 담을 수 있는 계란이 차고 넘치도록 많은 업무를 병행하며 관리할 수 있는 사람은 유능한 사람이다. 업무를 동시에 진행하려면 빠질 수 없는 한 가지가 세밀한 계획이다. 아무리 업무의 추진력이 대단하다고 해도 방향성을 제시하는 목표나 행동 계획의 수립이 허술하다면 효율적으로 성과를 이룰 수 없다.

때로는 멋지게 세운 계획들이 상부에 통과되지 않고 여러 가지 지적을 받는 등 예상과는 다른 결과일 때가 있다. 그렇다. 모든 일은 계획을 빗나가는 경우가 있고, 그럴 때 대안을 가지고 있는 사람은 여유롭게 대처할 수 있다. 두 개나 세 개 정도의 대안을 준비하고 업무를 진행하는 여유를 만들어 보자. 계획이 뜻대로 되지 않아도 실패에 대한 초조한 마음이나 시간에 쫓기는 다급함으로부터 자유로워지고 지금보다 활력 있는 직장 생활을 즐길 수 있게 될 것이다.

본사나 지사, 관련 업체를 포함해 사내의 업무 관련 등 연간 수많은 업무 회의나 목표 계획 등의 미팅이 개최된다. 한 해의 계획을 세우고, 다음은 6개월간의 목표나 3개월간의 목표, 매월의 목표로 나누며 매주 진척 상황을 보고하는 등의 여러 회의가 열린다.

문제를 정의하고 목표를 설정하는 과정에서 나의 의견을 발표해야 하는 상황도 많을 것이다. 실무자에서 관리자로 업무 내용이 바뀌면 더욱더 회의 내용의 전체를 핸들링하거나 때론 퍼실리테이터로 활약해야 하는 경우도 늘어난다. 거의 보통의 경우는 시간상의 제약도 있기에 회의에 참석한 사람들이 돌아가며 자신이 중요하게 생각하는 안건을 한 개정도씩 발표를 한다. 퍼실리테이터를 담당하는 사람이 숙련된 경험의 소유자인 경우에는 전체 의견을 금방 통합시켜 회의가 빨리 끝나기도 한다. 의견이 잘 소집되지 않을 경우에는 침묵의 시간이 흐르기도 하고 누군가 발표해 주지 않을까 서로의 눈치를 보기도 한다. 가까운 사이이거나 잘 아는 팀원들의 모임에서는 망설이지 않고 스스럼없이 의견을 발표하기 쉽다. 그러나 주제가 무거운 회의나 조심스러운 멤버들일 경우는 그 침묵의 시간마저 스트레스가 되기도 한다.

알베르트 아인슈타인은 "지식보다 중요한 것은 상상력이다."라는 말을 했다고 한다.

어찌 보면 해박한 지식을 가지고 있는 사람들도 편안하게 자기 의사를 말하지 못할 때가 많은 것 같다. 지금, 이 상황에서 '자기의 생각을 이야기하는 것이 정답일지 아닐지를 고민한다. 그리고 자기의 의견을 상대가 좋아해 줄까. 상대의 지지를 받을 수 있을까. 자기의 의견을 인정받지 못하면 어쩌지. 상대방은 어떤 대답을 원할까.'라는 생각으로 망설이기도 한다.

이렇게 머릿속에서 수많은 생각을 하고 결정을 내리지 못하고 있을 때 상상력에 힘을 더하고 판단에 가장 도움을 주는 것은 '매번 미팅에서 상대의 감정 상태와 말한 내용을 적어둔 메모'이다. 회의 내용이나 주제는 자료에 적혀 있지만 참석한 한 사람 한 사람의 발표 내용이나 의견을 이야기할 때 묻어나는 감정들은 어느 곳에도 쓰여 있지 않다. 앞에서도 말한 바와 같이 회사에서는 매년 매월 매주에 수많은 회의가 개최된다. 같은 회사에 근무하는 이상 회의 내용도 큰 맥락을 같이 하는 경우가 대부분이다. 회의 때마다 다루는 주제가 조금씩 다르고 참가하는 멤버가 다르기도 하지만 기본적인 방침이나 흐름은 항상 일맥상통한다. 저번의 회의에서 나온 내용이 이번의 회의에서도 또 언급되기도 하며, 저번의 회의에서 결정한 사항이 예상대로 진척되지 않아 다시 회의 소집이 되기도 한다.

어쨌든 직장 생활에서 빠질 수 없는 게 회의 시간이다. 실무 시간보다 회의 시간이 더 긴 날도 있다. 바쁜 업무를 병행하며 매번 회의 참석 전에 회의 내용을 준비하기는 힘들다. 또 나만 그런 게 아니라 다른 동료도 마찬가지로 어렵다. 대부분 시간이 모자라고 자신이 지목되었을 때 발표할 내용으로 한 가지 정도의 의견을 준비하고 회의에 임하는 경우가 많다. 나의 동료의 경우는 "저번 주에 열린 회의도 시간이 지나고 나면 회의 내용이 잘 생각나지 않아. 회의록을 봐도 결정 사항은 알겠는데 저번에 내가 어떤 내용의 이야기를 하였는지조차 기억나지 않을 때도 있어." 라고 말하기도 한다.

바쁜 업무 속에서 자기의 생각을 완벽하게 정리하고, 준비하지 못한 상태에서 회의에 임할 때도 있다. 업무 회의는 자기의 생각을 발표하는 공간이기도 하지만 상대의 이야기를 듣는 소중한 시간이기도 하다. 될 수 있다면 짧은 시간에 진행 업무의 맥락을 추출해내고 흐름을 파악해야 나의 'TO DO'가 보인다. 그리고 상대의 'TO DO'도 볼 수 있다.

나는 미팅에 임할 때 '상대의 생각이나 감정표현, 말한 내용'을 반드시 메모로 남겨둔다. 물론 여유가 있으면 회의 내용도 정리하고 요약해 두면 좋다. 그리고 다음번에 미팅에 참석할 때는 반드시 이 메모를 확인한다. 부서를 이동했다거나 담당 프로젝트가 바뀌지 않는 경우 항상 거의 같은 사람들이 매번 회의의 주된 멤버일 경우가 많다. 회의에 참석하는 그들이 이 회의의 주제에 대해서 어떻게 생각하고 있는가를 읽어내는 것이 좋은 성과를 이루어내는 데 많은 도움이 된다.

특히 담당 프로젝트의 문제 해결 방안 제시의 미팅 같은 경우에는 상사나 관련 부서에 나의 의견을 이야기해야 하는 기회가 많을 것이다. 이럴 때 매번 획기적인 방안을 제시하기도 힘들지만 일의 맥락상 프로젝트를 같이 끌고 갈 사람들의 생각을 바탕으로 대안을 제안해 나간다면 일이 빠르고 좋은 쪽으로 성취되기 쉽다. 어떤 생각으로 어떻게 머릿속에서 어떤 그림을 그리고 있는지 매번 회의 때 상대의 생각을 읽고 정리해 둔 메모를 회의 전에 미리 한번 파악해 두면 회의가 시작되고 상대방의 이야기도 이해가 수월하고 시간 절약도 된다.

"바쁘실 텐데 연락드려서 미안하지만, 일전의 일 때문에 지금 좀 시간을 내주실 수 있으실까 해서요?"

"네~, 아무 때나 괜찮아요."

프로젝트를 함께 진행 중인 직원으로부터 연락이 왔다. 나보다 이 일의 경험도 많고 지식도 풍부하셨다. 일을 진행 중에는 그때그때 공유하고 상담해야 할 문제들도 많기에 갑자기 연락이 오는 경우도 많다. 미팅이 시작되고 지금 추진 중인 안건의 목표를 조정하면 어떨까 고민 중이라고 말씀하셨다. 일의 방향을 바꾼다는 것은 성공할 확률이 떨어졌다거나 애초에 배려해야 할 내용을 고려하지 못해 프로젝트의 저항력이 약하다고 판단한 경우이다. 더 좋은 쪽으로 수정될 가능성도 있지만 반대의 경우도 예상해야 한다.

나는 과거에 정리해 둔 메모를 통해 지금의 상태로 오기까지에 지지한 의견과 반대의 의견 등 추진 정황을 살펴보았다. 그 메모에는 혹시 중간에 차질이 생길 경우의 대안이나 참가자들의 생각, 여러 참고 사항들도 쓰여 있었다. 그리고 이 담당자 여성분이 발표하셨을 때 걱정하셨던 부분도 메모로 첨부되어 있었다. 우리는 함께 차근차근 경위를 이야기하고 내가 남긴 메모에서 두 개 정도의 대안을 발견할 수 있었다. 그 결과 담당하고 있는 프로젝트의 큰 흐름과 방향을 바꾸지 않아도 되겠다는 결론에 도달했다.

사람은 누구나 내가 가고 있는 방향이 맞을까 하고 고민하기도 하고 당황해할 때가 있다. 특히 긴 여정의 프로젝트일 경우에는 그때그때의 실패와 성공이 보이기에 더욱 그러하다. 이런 때에 평상시의 나답지 못한 판단을 해버리기 쉽다. 무엇보다 자신감이 떨어져 있는 상태라면 판단의 근거가 되어줄 만한 작은 실마리라도 잡고 싶은 마음도 든다. 얼핏 생각하기에 작은 메모 한 장 정도가 나의 정신 줄을 되돌려 놓을 리가 없다고 생각하기 쉽다. 하지만 메모를 보면 지금의 상태를 재정리하고 왜 이런 내용을 제한했고 진행했는지 다시 한번 일의 배경이 확실히 보인다. 자신이 쓴 메모이지만 시간이 지나면 객관적으로 다양한 관점에서 문제를 바라보는 데 많은 도움이 된다.

모든 일에 대안을 준비하는 습관을 기르자. 그런 사람은 상대도 나를 든든한 지원군이라 생각할 것이다. 대안이 준비되어 있으면 바쁜 상황에서 덤벙대지 않고 무엇보다 시간을 절약할 수 있다. 당연히 신뢰가 쌓이고 업무에서도 우위를 차지하는 데 효과적이다. 이렇게 메모는 나만의 '아이디어 북', '대안을 제시하는 노트'로서 충분히 활용할 수 있다.

또 하나는 상사에게 보고하는 업무 보고서의 작성에도 요긴하게 사용된다. 요점이나 생각을 정리해 두면 업무 보고서나 업무일지의 내용을 작성할 때 일일이 처음부터 만들지 않아도 된다. 그리고 일의 진척 상황을 틈틈이 상사와 공유하며 논의할 때도 상사가 제시하는 여러 조언과 의견을 메모를 해두자. 이런 내용을 대안으로 활용해도 충분히 긴급한 상황을 대처할 수 있을지도 모른다. 상사는 지금 자신이 걷고 있는 길을 먼저 걸어간 사람이다. 상사의 실패담이나 성공 사례가 당연히 나의 업무에 도움이 된다. 메모 한 장이 자신의 부족한 점을 메꾸어 줄 수도 있다.

회사에서 인정받는 사람들을 보면 항상 한 걸음 먼저 나아가 행동하는 걸 볼 수 있다. 일어날 수 있다고 예측되는 문제를 상상하고 해결 방안이나 대안을 미리 준비해 둔다. 항상 대안을 생각해두고 첫 번째 제안이 통과되지 않았을 때 준비해 둔 두 번째 대안으로 짧은 시간 내에 다음 대책을 마련한다. 보통 이런 상황에서는 모두 다 시간적 여유가 없을 경우가 많다. 심혈을 기울인 첫 번째 제안을 밀고 나가지 못하는 상황에서 짧은 시간 안에 두 번째 대안을 제시할 수 있는 사람이 자신의 팀원이라면 듬직할 것이다. 요즘은 회사도 한 가지 일을 잘하는 인재보다 많은 일을 다양하게 조금씩 잘하는 사람을 선호하는 경향이 있다. 틈새 시간을 잘 활용해 메모하고 유연성 있게 위기의 순간에 대비해 대안을 마련하는 습관을 지닌 사람은 다른 일을 대처하는 능력도 뛰어난 경우가 많다. 최악의 상황을 걱정하기보다는 준비를 잘 해두자.

# 02

## 상대방의 이야기는
## 반드시
## '경청'하라

   세계적으로 유명한 경영자나 학자나 위인들은 모두 다 '경청의 중요성'을 수도 없이 강조했다. 그리고 세상에는 경청에 관한 수많은 명언이 우리에게 가르침을 준다. 서점에 가도 '경청'에 대한 내용을 다룬 책들은 거의 항상 인기 도서 순위에 들어있다. 가깝게는 우리의 부모님들도 '다른 사람이 이야기할 때는 조용히 하고 잘 들어야 한다.'라고 듣는 이의 태도에 대해 강조하시고 늘 가르침을 주셨다.

   경청의 중요성의 빼놓을 수 없는 또 다른 이유는 '상대방의 이야기 속에 거의 모든 해결책이 들어 있는 경우'가 참으로 많기 때문이다. 어떠한 문제도 상대방과의 의사소통 없이 해결해 나갈 수 있는 문제는 없다. 가장 빠르고 효율적으로 문제를 풀어나가려면 상대와의 긍정적인 대화는 필수 불가결하다. 충분히 대화가 이루어졌을 때 기대 이상의 성과도 거둘 수 있다. 좋은 성과를 거두는 것은 자기 자신뿐만 아니라 이 일에 관련된 모든 사람을 행복하게 한다. 소통과 협업을 통한 창조적인 성과 창출의 경험을 하게 된다. 협력의 결과로 얻어진 성과에 대한 성취감도 전체가 함께 공유할 수 있게 된다. 이런 경험이 쌓여서 창의적인 조직 문화 조성에 좋은 영향을 미친다. 결과적으로 고객과 시장의 기대에도 부응하게 된다.

팀원과의 소통도 어려운 상태에서 시장이나 고객의 이야기를 잘 들을 수 있을까? 부하나 동료 직원 간의 소통도 어려운데 시장의 니즈를 파악한다는 것은 쉽지 않다. 상대의 생각이나 마음을 읽어야 하는 기본적인 부분은 마찬가지이기 때문이다. 상대의 생각을 이해하지 못한 상태에서 당연히 좋은 결과를 거두기는 힘들다. 활발한 소통이 이루어질 때 문제를 어떤 방향으로 이끌고 가야 좋을지 자연스럽게 보이는 경우가 많다. 그래서 요즘 시대는 리더의 중요한 스킬로써 '경청의 기술'을 꼽고 있다. 업무든 인간관계이든 대부분 트러블의 근원은 '상대를 이해하지 못하는 상황'에서 발생하는 경우가 많다. 정상적인 업무 커뮤니케이션이 이루어지려면 개방적이고 직접적인 소통이 필요하다.

상대의 말을 되도록 끝까지 들어주자. 생각보다 상대방의 이야기를 들어주는 일은 쉽지가 않다. 이야기를 듣는 도중에 집중력이 떨어지기도 하고 전체의 흐름을 놓치기도 한다. 그래서 부하나 팀원의 이야기는 귀가 아닌 마음으로 들어야 한다. 귀만 기울이고 있다고 해서 상대방이 전달하고 싶은 이야기의 내용이 저절로 들려오지는 않는다. 주의 깊게 듣고 공감하며 상대가 어떤 말을 듣고 싶어 하는지, 상대가 내게 필요로 하는 말은 어떤 말인지, 한마디라도 상대와 함께 공감할 수 있고 가슴에 닿을 수 있는 말을 해주자.

이야기를 들을 때 상대를 칭찬해 줄 수 있는 부분을 찾는 습관을 기르자. 상대의 이야기를 잘 듣는 것은 상대방에 대한 당연한 예의이고 배려이다. 상대방의 이야기에 집중하고 정성을 다해서 이야기를 듣고 난 후 나는 상대방에게 어떤 이야기를 들려줄 것인가. 팀원에게 주는 피드백의 경우도 마찬가지이다. 상대방의 이야기에 공감하고 대화의 질을 높이기 위해서는 적당한 질문과 호응이 필요하다. 특히 부하와 상사의 경우에 혹시라도 불편한 사이라면 지금부터라도 상대방의 칭찬 포인트를 찾아보자. 한번 틀어진 사이에서는 여간해서는 상대의 이야기를 집중해서 들어주기 힘들다. 마음이 움직이지 않기 때문이다.

이야기를 들을 때 칭찬할 내용을 찾으면 반드시 보인다. 그리고 칭찬할 때는 정성을 다해, 진심 어린 마음으로 칭찬해야 한다. 그리고 정중히 예의를 갖추어 칭찬하도록 하자. 처음에는 어색할지 모르지만 열린 마음으로 상대방의 이야기를 듣다 보면 금방 자연스러워진다. 그러면 상대가 지금 뭘 원하고 뭘 필요로 하는지도 보이게 된다. 상대를 관찰하는 가운데 점점 내가 무엇을 해야 하는지도 알아가게 된다. 자연스럽게 먼저 챙기고 준비하며 먼저 움직이는 행동하는 사람으로 성장한다. 미래의 리더를 꿈꾸는 사람이라면 팀원이나 부하의 칭찬과 격려 정도는 매일매일 즐겁게 할 수 있는 사람이 되자.

직장 생활에서 관리직을 오래 하고 있으면 당연히 주의나 지적해야 할 일들과도 마주하게 된다. 문제를 지적하는 내용만을 이야기하는 것보다 칭찬과 칭찬 사이에 수정해야 할 내용을 샌드위치로 집어넣어 이야기하는 것이 효과적이다. 실제로 정해진 시간 내내 주의나 지적에 관한 내용만을 듣고 있으면 기분이 어떨까. 아무리 큰 실수라 해도 평상시 그 직원의 열심히 하는 모습이나 잘했던 일을 이야기하면서 수정해야 할 부분을 이야기하는 것이 그의 마음을 다치지 않게 한다. 피드백은 반드시 다음의 성장으로 이어져야 한다. 피드백의 시간이 끝나고 팀원의 자존감이 낮아졌다면 리더는 자신의 소양을 다시 공부해야 한다. 경청과 칭찬은 리더 교육의 커리큘럼에도 절대 빠지지 않는 '중요한 덕목'이다.


요즘은 정보 처리에 관한 교육도 잘 발달되어 있어서 입사한 지 얼마 안 되는 친구들도 보고서 작성 능력이 뛰어나고 사내 발표 자료를 훌륭하게 잘 만들어낸다. 그런데 일이 되도록 움직이게 하는 것은 발표 자료가 아니라 팀원을 얼마나 움직일 수 있느냐이다. 과거 나의 팀에 학벌이 좋고 정보를 빠르게 파악하고 보고서 작성 능력이 뛰어난 친구가 있었다. 항상 올라오는 보고서는 좋은 내용이 많은데 실제 업무 상황은 결과가 따라주지 않는 상태였다. 아무리 훌륭한 내용의 기획도 일은 사람이 한다. 동료의 협력과 이해 없이는 자신의 좋은 목표도 현실에서 모습을 드러낼 수 없다. 팀원의 마음을 움직일 수 있어야 한다. 상대방이 어떤 생각을 하고 있는가를 알아야 한다. 그래서 반드시 경청하는 연습이 필요하다. 그리고 이런 과정을 통해 서로의 내면의 벽도 허물어진다. 서로의 관계도 단단해지고 동료를 사랑하고 감사하는 마음과 애정이 생긴다. 상대의 생각을 경청하게 되며 저절로 칭찬의 말들이 떠오른다. 소통과 협업이 이루어지면서 당연히 좋은 성과를 거두게 될 것이다. 지금의 시대는 변화가 빠르다 보니 향후 몇 년을 내다보기가 어려워지고 있다. 과거의 연장선상에서 미래를 논하고 비전과 목표를 설정하기가 매우 힘든 시대라고 생각한다. 이럴 때일수록 개인과 조직이 함께 성공할 수 있는 비전과 핵심 가치를 경청을 통해 서로의 생각을 잘 이해하고 공동의 목표를 세우는 것 또한 우리의 과제이다.

아무리 능력이 있는 사람도 '자기 일만 잘하는 사람'은 현시대의 조직 속에서 지속적인 성장을 기대하기는 힘들다. 다른 사람의 일이나 다른 부서의 일과 연결해나갈 수 있는 인재를 원한다. 그런 과정을 통해 일에 대해 더 나은 솔루션을 찾아 나가려고 하기 때문이다. 이런 환경에서는 더욱더 소통과 협업을 원활하게 해야지만 성과 창출이 잘 이루어진다. 지식과 정보를 공유하기 위해서 내 일을 누구나 알아들을 수 있게 설명하는 것도 중요하고 무엇보다 상대의 이야기를 제대로 들을 수 있어야 한다. 그래야만이 내가 맡은 일 이외에 여러 분야를 두루 이해하고 팀플레이를 통해서 이해관계를 조정하며 조직의 성과로 이어 나갈 수 있다.

부하나 동료, 관련 업체뿐만 아니라 상사의 이야기도 잘 경청해 보자. 상사가 진정으로 나에게 전하고 싶은 이야기는 무엇일까. 그렇게 생각하면서 상사의 이야기를 들으면 짧은 시간 안에 이야기의 핵심도 파악하기 쉽다. 상사의 입장에서도 업무의 바쁜 시간을 부하 직원을 위해 마련한 것은 사실이다. 전달되지 않으면 한 말을 반복하며 몇 번씩 둘러서 이야기를 하게 되고 그러면 서로가 피로한 감정이 쌓여버린다. 심적으로 힘들다고 느끼며 이야기하는 시간은 즐거울 수가 없다. 항상 상사나 동료의 이야기를 마음으로 경청하는 반복적인 연습을 하자. 상사와의 소통의 시간도 단지 주의사항을 듣거나 긴장된 시간이 아닌 나의 업무와 평가를 더욱 효율적으로 이끌어 가는 유익한 수단이 된다.

리모트 워크 시대는 더욱더 경청의 기술이 필요하다. 공감을 불러일으키는 대화의 형태도 상상해보자. 이야기를 듣는 도중에 '진짜요?', '나도 그럴 때가 있어요.', '그 부분이 제게 와 닿았어요.' 등 구체적인 응답을 해주면 공감을 불러일으키고 상대의 마음도 열게 한다. 항상 상대에게 맞는 조언과 표현은 무엇일까 곰곰이 생각도 해보고 상대를 기쁘게 하는 칭찬은 무엇인지도 고민해보자. 대부분이 상대의 이야기를 열심히 듣는 가운데 저절로 깨닫게 된다. 경청의 기술을 다룬 사내 연수도 한다. 모든 것은 연습이 필요하고 습관이 되면 자기의 능력이 된다.

나를 낮추고 상대의 이야기를 듣는 태도는 상대방도 보면 알 수 있다. 아무리 풀리지 않는 문제도 항상 대화 속에 해답의 실마리가 있다. 경청은 신뢰의 지름길이다. 상대의 이야기를 경청할 수 있는 사람은 주위의 모두를 움직이게 한다. 그리고 전체가 유익하게 되도록 자신도 움직인다. 전체가 유익하게 되도록 움직일 때 신뢰도 더욱더 깊어질 것이다.

탈무드에 "귀는 친구를 만들고 입은 적을 만든다."라는 말이 나온다. 다른 사람의 이야기를 진지하게 들어주는 경청하는 태도의 중요성은 몇 번을 강조해도 부족하다. 일상생활의 대인 관계 형성에서도 '경청'은 아주 중요한 덕목이다. 직장 생활에서의 원활한 소통을 위해서는 더 말할 나위도 없다. 얼마만큼 남의 말을 잘 들어 줄 수 있는가는 거의 모든 인간관계에서 문제 해결의 원동력이 된다. 무엇보다 남의 이야기를 듣는 습관에서 자신의 지혜가 생겨난다는 점도 기억해두자.

# 항상 웃으며
# 먼저 말을 거는
# 사람이 되어라

"말 한마디로 천 냥 빚도 갚는다"는 우리 속담이 있다. 선현의 지혜는 항상 옳은 정답이다.

웃음과 감사의 중요성을 말한 명언이나 서적은 셀 수도 없고 동서고금을 막론하고 성공된 삶을 살아가는 사람들은 누구나 웃음과 감사의 중요성을 이야기한다. 나 또한 예외는 아니다. 힘들고 견디기 어려울 때 웃을 일이 없어도 항상 웃음을 잃지 않고 감사의 마음을 소중히 했던 경험이 지금의 나로 굳건히 성장시켜 주었다.

사람은 누구나 좋은 얼굴을 가지기를 원한다. 현대 사회에서 좋은 얼굴이란 잘생긴 외모와 예쁜 얼굴을 뜻할지도 모른다. 하지만 상대방에게 좋은 인상을 주는 것은 따뜻한 표정과 밝은 웃음이 아닐까 하고 생각해 본다. 아마 관상을 잘 믿지 않는 사람도 누가 "당신 관상이 좋다"고 하면 좋은 기분이 들 것이다. 백범 김구 선생은 젊었을 때 열심히 공부해서 과거시험에 응시했지만, 번번이 낙방했다고 한다. 당시엔 인맥이나 재물이 없으면 출세할 수 없는 시절이었다. 밥벌이라도 하기 위해서 관상을 공부하기 시작한 김구는 『마의상서』라는 관상 책을 구해 독학했다. 어느 정도 실력을 연마한 그는 거울을 갖다 놓고 자신의 관상을 보았다고 한다. 가난과 살인, 풍파, 불안, 비명횡사할 액운이 다 끼어 있는 최악의 관상이었다. "내 관상이 이 모양인데 누구의 관상을 본단 말인가!"라며 탄식하던 김구의 눈에 책의 마지막 구절이 들어왔다.

"얼굴 잘생긴 관상(觀相)은 몸이 튼튼한 신상(身相)만 못하고,

몸이 좋은 신상은 마음씨 좋은 심상(心相)만 못하다."

얼굴보다 마음가짐이 제일 중요하다는 교훈이다.


『마의상서』를 쓴 마의 선인이 길을 걷다가 나무하러 가는 머슴을 만났다. 그의 관상을 보니 죽음의 그림자가 드리워져 있었고 마의 선인은 머슴에게 "얼마 안 가서 죽을 운명이니 너무 무리하게 일하지 말게."라고 일렀다. 그 말을 들은 머슴은 하늘을 바라보며 탄식했고 그때 나무껍질이 계곡물에 떠내려왔다. 머슴은 나무껍질 위의 개미 떼들이 물에 빠지

지 않게 나무껍질을 건져 개미들을 살려 주었다. 며칠 후 마의 선인은 그 머슴을 다시 만나게 되었는데 놀랍게도 그의 얼굴에 서려 있던 죽음의 그림자가 사라지고 부귀영화를 누릴 관상으로 변해 있었다. 작은 선행이 그의 관상과 운명을 바꾼 일화이다. 마의 선인은 큰 깨달음을 얻고 『마의상서』에 글을 남겼고 김구가 읽은 마지막 장의 심상(心相)이 그 대목이다. 역시 사람의 진면목은 성실함과 따뜻한 마음에서 나온다. 좋은 마음이 좋은 얼굴과 반듯한 운명을 만든다. 남을 돕고 배려하려는 마음이 행동과 표정에도 배어 나오고 인상 또한 부드럽게 변화한다. 늘 웃는 얼굴로 상대방의 안부를 물어주는 사람이 되자.

조선 후기의 문신 성대중이 쓴 『청성잡기』에는 이런 말이 나온다.
"사람의 관상을 보는 것보다 사람의 말을 듣는 것이 낫고,
사람의 말을 듣는 것보다 사람의 행동을 살펴보는 것이 낫고,
사람의 행동을 살펴보는 것보다 사람의 마음을 헤아려 보는 것이 낫다."
얼굴보다 말을, 말보다 행동과 마음을 보라는 가르침을 얻는다. 후배나 팀원들에게도 자주 들려주는 교훈이다.
"같은 시기에 입사한 동기라도 항상 웃으며 인사만 잘해도 나중에 보면 다른 동료를 50%는 앞서 나가는 것 같아. 어떻게 생각해?" 인사 업무를 담당하는 부서에 있는 나의 절친이 내게 물어온 말이다. 당연히 입사

전 갈고닦은 실력은 말할 것도 없겠지만 부드러운 말이나 웃음으로 유연함을 풍기는 직원에게 상사도 좋은 감정을 가질 수밖에 없다.

항상 웃으면서 먼저 말을 걸고 첫인상이 좋은 사람은 그렇지 못한 사람과 비교했을 때 우선 첫 번째의 성공을 거두는 셈이다. 누구라도 그에 대한 인상이 좋아지고 "뭔가 열심히 하려 하는 노력이 보이는 친구네."라는 말이 들려온다. 이런 사람은 대부분 상대방과의 시간 약속도 잘 지킨다. 예의 바르고 큰 소리로 웃고 인사를 한다. 긍정적인 느낌이 드는 사람은 신뢰감이 생긴다. 그래서 자연스레 일도 맡겨 보고 싶어진다. 이렇게 작은 행동들이 자신의 미래를 크게 바꾼다. 만일 당신이라면 어떤 사람에게 일을 맡기고 싶은가?

아침의 사무실 공간을 깨끗하게 준비해주시는 분에게도 나는 내가 먼저 인사를 하고 웃음을 건넨다. 내가 인사를 하기 시작하자 팀원들도 나를 따라 자연스레 인사를 건넨다. 항상 환경을 깨끗하게 해주심에 감사를 전달한다. 모든 습관은 몸에 배야 한다. 상사도 부하도 다를 바 없는 사람이다. 좋은 모습과 행동은 연습하고 따라 하면 된다. 나도 그렇게 배워왔다.

가끔 후배나 동료들로부터 이런 말을 듣는다.

"선배님이 해주시는 칭찬은 정말 나를 행복하게 해요. 선배님 말에서는 마음이 느껴져서 좋아요. 형식적인 칭찬이 아니라는 게 느껴져요. 내가 칭찬받고 싶은 포인트를 칭찬해주셔서 기뻐요. 업무도 바쁘실 텐데 이런 사소한 작은 일들을 어떻게 기억하고 계셨다가 이렇게 피드백을 해주시는 건지 정말 기뻤어요."

이런 말을 들으면 나도 기쁘다. 나는 동료들에게 칭찬해주고 싶은 내용을 메모해 놓은 파일이 있다. 세월이 흐르면서 떨어지는 기억력을 보충하는 목적도 있지만 칭찬할 내용이 많은 경우 적어두었다 피드백할 때 사용한다. 그 이유는 꼭 칭찬해주고 싶기 때문이다. 누군가가 나를 이렇게 기억해두었다가 칭찬해주면 나도 행복한 기분이 들지 않을까? 자신에게 일어나면 좋겠다고 생각하는 일을 먼저 상대에게 해주는 멋진 습관도 길러보자.

상대방의 이름 앞에 수식어를 붙여서 부르는 경우도 많다. 예를 들어 '내가 지시하지 않아도 먼저 척척 알아서 해버리는 우리 M 군'이라든지 '항상 상대방을 배려하는 I 양', 또는 '전체 업무를 파악하는 능력이 뛰어난 우리 N 씨', '한번 전달한 내용은 절대 잊어버리지 않는 기억력 최고 H 선배' 등 얼마든지 상대를 칭찬할 꺼리는 무궁무진하다. 하나라도 그 사람의 좋은 점을 보려는 노력만 있으면 된다. 중요한 건 상대방의 자존감을 높이고 서로에게 따뜻한 마음을 전달할 수 있다는 것이다. 인간관계 개선에도 많은 도움이 될 뿐더러 신기하게도 이렇게 이름을 부르다 보면 점점 상대방이 내가 붙인 수식어에 가까운 능력을 발휘하게 되는 때도 있다. 좋은 생각은 좋은 일을 끌어당기기 마련이다. 관계가 유연해지면 나의 업무에도 긍정적 영향을 끼치게 된다.

회사에서는 유연한 조직 문화를 추구하기 위해서 해마다 여러 아이디어를 모집하고 이벤트도 실행한다. 직원들에게 동기를 부여하고 구성원 간의 소통을 활발히 하여 경직된 분위기를 이완시키는 데 초점이 있다. 요즘 많은 기업에서도 시행하고 있는 '감사 나눔'이나 '칭찬 프로그램' 등이다. 우리 회사에서도 정기적으로 감사의 메시지 카드에 감사의 인사와 칭찬을 적어서 서로에게 나누는 이벤트를 진행한다. 구성원들이 칭찬과 감사를 메시지를 적은 카드를 주고받는 프로그램이다. 지금처럼 비대면 시대가 아니었던 당시에는 감사의 메시지 카드를 주고받은 사람이 모여서 함께 식사도 하고 부서 간의 교류도 이루어졌다. 팀원들이 전원 참가해서 업무에 시달린 피로를 풀고 맛있게 먹고 즐거운 시간을 함께 보냈으면 하는 마음에 아무리 바빠도 한 사람도 빠짐없이 메시지 카드를 전했다.

이때에도 나의 '한 명 한 명 차트'는 대활약을 해준다. 한 사람 한 사람 칭찬 내용이 다른 메시지 카드를 빨리 작성할 수 있었다. 팀원이 전원 참석한 부서도 드물었지만 나는 한 사람당 세 장 이상의 칭찬 카드를 손수 만들어 직접 전달했다. 감사의 마음을 전하고 싶었기 때문이다.

"인류에게는 정말로 효과적인 무기가 하나 있다. 바로 웃음이다." – 마크 트웨인

"무엇보다도 칭찬은 우리에게 가장 좋은 식사이다." –S. 스마일즈

"단 한 사람의 칭찬도 매우 중요하다." – 새뮤얼 존슨

칭찬과 감사, 그리고 밝은 웃음은 참 많은 것을 이루어지게 하는 힘이 있다. 항상 긍정적인 사람에게는 왠지 좋은 일만 항상 일어난다. 역시 감사의 마음은 우주 끝까지 닿아 있는지도 모른다. 누군가를 칭찬하고 감사하는 생활이 경쟁과 시기 등 부정적인 감정보다 좋은 성과를 가져오는 것은 말할 것도 없겠지만. 감사는 삶에 기적과 축복을 가져온다. 내가 진심으로 칭찬하고 감사하면 나에게 더 큰 행복의 에너지가 돌아온다. 아무것도 아닌 것 같은 감사하는 작은 습관 하나가 나의 인생을 앞으로도 빛나게 성장시켜 주리라 믿는다.

# 04

# 집중하는 일에
# 우선순위를
# 정하라

　항상 같은 일을 해도 시간적이나 심리적인 이유로 매 순간 일에 쫓기는 사람이 있다. 비슷한 시간을 투자했는데 여유롭게 일을 잘 마치는 사람도 있다. 남과 나의 아웃풋의 차이가 크다면 일하는 방법이나 전략이 잘못되었을 경우가 있다. 객관적으로 자신이 어떤 노력을 했고 업무 수행과정에서 필요한 소통이나 협업 등 무엇이 부족했는지 제대로 분석하고 다음번 기회에 성과를 내도록 피드백해야 한다. 결과와 과정을 객관적으로 평가해서 자신의 역량을 키우는 일의 습관을 길러가자.

　자신이 담당하는 모든 업무를 항상 똑같은 집중력으로 수행해나가기는 어렵다. 그날의 체력적인 컨디션이나 갑자기 외부로부터 부탁받는 일 등 항상 예측 밖의 일들이 일어날 수 있다는 가능성을 고려해두자. 가장 중요한 일부터 우선순위를 정하고 업무를 시작하면 집중력이 좋은 상태에서 기대 이상의 질 좋은 성과물이 나오게 된다. 누구나 할 일은 많고 시간은 부족하다. 급한 일과 덜 급한 일, 중요한 일과 덜 중요한 일 등을 분류하고 시간을 효율적으로 사용하자. 그리고 항상 '중요한 일'에 초점을 맞추어 일해야 한다. 이런 습관이 업무 전체를 여유롭게 수행할 수 있게 한다.

업무를 우선순위로 분류하는 것과 같이 '메일을 분류하는 작업' 또한 중요하다.

우리는 하루에도 많은 양의 메일을 쓰고 받고 보낸다. 메일의 본문에 내용이 나와 있으니 따로 메모할 필요가 없다며 메일에 의존하는 사람도 있다. 그런데 보통 윗사람이나 거래처에서 연락이 왔을 때 해당하는 내용이 어느 메일인지 찾아내지 못하고 상대를 기다리게 하는 경우가 많다. 상대방에게도 평소에 자료 정리가 잘 되지 않는 사람이라는 인상을 준다. 업무의 효율을 위해서는 메일을 적절하게 분류하는 습관도 필요하다. 짧은 시간 안에 답장해야만 하는 메일, 급하지는 않으나 중요한 내용의 메일, 사적인 메일, 직속 상사의 메일 등으로 분류하고 전체 메일함에서 수많은 메일을 매번 다시 찾고 체크하는 시간을 줄여보자.

회사에서는 직책과 포지션에 따라 업무 내용이 달라진다. 사원의 경우는 실무적인 일을 꼼꼼하게 해주기를 바라고 직위가 올라가면 사람 관리나 매출 목표 점검 등 회사가 나에게 기대하는 일의 내용이 달라지기 때문이다. 그런데 직급이 올라가도 모든 일을 자신이 처리하려는 상사들이 의외로 많다.

이럴 경우, 상사인 자신도 그리고 팀원도 제대로 성장할 수 없게 된다. 팀원이 해야 할 일들을 자신이 직접하고 다 챙기면 팀원은 그 일에 도전도 한 번 해볼 수 없다. 실무자의 위치에서 체험해야 할 실패나 성장의 경험도 쌓지 못하고 그런 상태가 계속되면 팀 전체의 성장도 멈추게 된다. 이런 상황은 고정된 팀장 한 사람의 지속적인 시간 부족을 초래하고 자신도 스트레스와 피로가 쌓여간다. 그런데 대부분의 경우에 '왜 이렇게 되어가고 있는지' 그 이유를 모르고 힘들어하는 팀을 보기도 한다.


자신의 업무 내용을 우선순위로 분류하는 것이 일 잘하는 사람의 특징이라면 그보다 더 중요한 것은 '팀원과 동료에게 과감히 업무를 맡기는 일'이다. 내가 직접 담당할 일과 팀원들에게 맡길 일을 구분하고 내 손에서 적당하게 일을 내려놓을 줄 알아야 한다.

다양한 사내 업무로 인해 시간이 부족한 관리직의 경우는 더욱 그러하다. 적극적으로 일을 맡기고 자신의 시간을 확보해야 한다. 시간이 없으면 마음의 여유가 없어지고 항상 일에 쫓기게 되며 짜증이 나고 불만이 생긴다. 이런 상황에서 팀장의 업무를 제대로 수행할 수 있을까.

과감히 업무를 팀원에게 맡기고 그에 상응하는 판단 권한도 함께 위임
하자. 의외로 일을 맡겨 보면 자신의 기대 이상으로 좋은 결과를 내는 경
우도 많다. 누구나 그렇듯이 자신을 믿고 맡겨주는 상대에게 열심히 하
는 좋은 모습, 좋은 성과를 내는 모습을 보이고 싶은 마음이 들기 때문이
다. 그런 팀원을 지켜보며 흐뭇하게 바라보는 여유로움도 생길 것이다.
선순환으로 시간의 여유가 생기고 일의 집중도 또한 올라간다. 무엇보다
도 동료나 팀원에게 성장할 수 있는 기회를 내 손으로 만들어주자.

성공에 꼭 필요한 몇 가지의 필수 요소들이 있는데 그중에서도 제일
중요한 하나가 '나와 같은 가치를 추구하는 동료'라고 한다. 결국, 나와
함께하는 팀원이 나의 성공 성패의 결정에도 커다란 영향을 끼친다는 말
이다. 팀원의 마인드를 어떻게 바꾸고 교육해야 하는지, 관리직뿐만 아
니라 직원의 입장에서도 함께 업무를 진행하는 사람들을 어떻게 하면 잘
이끌어갈 수 있는지, 내가 받은 수많은 질문 중에 아마 제일 많이 받았던
질문인 것 같다. 그리고 나도 나의 선배나 상사에게 제일 많이 한 질문이
기도 하다.

조직 속에서의 우리들의 관계는 고용자와 피고용자, 상사와 부하, 한
팀의 동료인지 다른 부서의 직원인지, 아무튼 한 회사에서 같이 일을 하
는 사람들이다. 나의 일에 협조해주고 자기의 생각을 이해해 주는 사람

이 한 명이든 두 명이든 늘어나야 나랑 같이 움직여주고 팀 전체의 목표를 순조롭게 달성해 나갈 수 있다. 그러려면 나의 이야기에 귀를 기울이고 서로의 마음과 마음이 통할 수 있어야 한다. 단순한 서류상의 고용 관계로 인연이 된 사이가 아닌 우리의 비전을 함께 수행하는 파트너가 되어야 한다. 항상 "나는 진심으로 당신의 도움에 감사를 표합니다. 당신의 도움이 있어야 앞으로 나아갈 수 있습니다." 등의 진정한 마음을 정중히 상대에게 전하도록 하자. 사람과 사람 사이의 신뢰가 모든 업무의 첫걸음이다.

업무를 부탁할 때는 항상 최선을 다해서 정중히 부탁하자. 보통 윗사람이나 상사에게는 정중히 부탁하면서 동료나 부하 직원에게는 당연한 듯한 말투로 부탁하는 사람이 있다. 당신이라면 정중히 부탁을 해오는 상대와 당연한 듯이 요구하는 상대의 둘 중 누가 더 호감이 가고 누구에게 부탁받은 업무를 더 잘 해주려는 마음이 생기겠는가. 거의 모든 사내 업무는 현장에서 답을 찾아야 하는 경우가 많고 그래야 정확하고 빠른 해결책을 알아낸다. 어떤 형태로든 팀원들과의 커뮤니케이션을 시도하고 항상 팀원의 존재 가치를 소중히 여기자.

일의 우선순위를 결정할 때도 무엇을 기준으로 의사결정을 하고 판단을 할 것인가. 나 자신에게 같은 질문을 던져 보아야 한다. 리더들은 판단과 행동을 결정하는 나만의 기준이 필요하다고 이야기한다. 리더가 아니라도 마찬가지일 것이다. 이런 능력을 기르는 방법 중 한 가지가 '일의 핵심 업무에 집중해 보는 일'이다.

모든 일에 두루 시간을 쏟아붓는 것보다 중요한 일을 찾아내서 집중적으로 파고들어 한 가지의 일에 집중해서 진행해보고 그 결과가 얼마나 달라지는가 경험하는 일이다. 하나의 일에 몰입할 때 큰 성과를 낼 수도 있고 이 과정에서 생각지도 못한 일의 구체적 진행 방법을 발견하기도 한다. 도미노 효과로 다른 일들에도 적응할 수 있고 일의 우선순위 매김을 이해하는 데도 큰 도움이 된다. 그렇게 시간을 확보하는 능력이 길러지면 많은 일을 맡게 되었을 때도 우선순위를 정해서 성공적으로 이끌어 갈 수 있다.

직장 생활에서 배운 여러 교훈이 나에게 더 많은 가르침으로 다가오게 하기 위해서는 무엇보다 일의 모든 과정과 결과물을 긍정적으로 바라볼 수 있어야 한다. 긍정적이고 실력이 있는 사람이 굳이 인맥을 만들지 않아도 사람이 따라오듯이, 모든 상황을 힘들다고 느끼며 진행하는 사람은 그 생각이 자신과 주위 사람도 힘들게 한다. 어렵다고 생각했던 업무를 무사히 진행하고 난 뒤 해결하는 방법을 알고 나면 다음에 같은 내용의 업무를 담당하게 되더라도 그때는 어렵다고 느끼지 않을 것이다. 항상 목적은 개선이고 생각은 긍정적이어야 한다. 이런 습관이 반복되면 더 이상 어떤 문제도 어려운 문제는 없다.

모든 일에는 우선순위가 있지만, 전체적으로 속도감 있게 대응하는 것도 중요하다. 앞에서도 말했지만 내가 모든 일을 다 알고 다 해결하기에는 시간과 집중력이 부족하다. 일의 본질을 꿰뚫는 질문으로 시간을 절약하자.

그 일의 상황을 제일 잘 알고 있는 직원에게 일 처리에 필요한 모든 정보를 질문한다. 한 명이 아니라 여러 명에게 질문을 하고 나온 답에 나의 관점을 넣어 결론을 만들어낸다. 이렇게 반복되는 일 처리의 습관이 '나만의 강점'으로 만들어지고 이러한 습관들이 쌓이면 자신감을 가지고 일을 하게 된다. 항상 나와 팀원이 좋은 습관을 공유하고 배우고 학습하는 조직이 되어야 한다.


집중해야 할 일과 그렇지 않은 일의 우선순위를 정하는 작업은 누구나 다 잘 알고 있는 내용이다. 그러나 의외로 잘 실천되지 않는 업무의 카테고리이기도 하다. 일의 순서를 정하고 시작하지만, 중간중간에 개입되는 여러 일로 인해 순서가 무산되는 경우도 많다. 집중력이 떨어지고 제대로 일을 끝까지 마무리하지 못하는 원인이 되기도 한다. 업무의 중요도로 줄을 세우고 일의 전체를 객관적으로 바라보는 작업을 한 번이라도 실천해 본 경험이 있는 사람이라면, 일의 성과가 달라지는 체험을 했을 것이다.

지금 관리직에 있는 사람이라면 당연히 실행하고 있겠지만 앞으로 리더를 꿈꾸는 다음 세대의 리더들은 성과를 창출해내는 작은 습관과 방법들을 지금부터 읽히고 배우도록 하자. 주위와 공유하며 당신과 함께 성장하는 조직을 만들어 보기 바란다.

# 05

# 작은 일도
# 먼저 계획하고
# 준비하라

"누군가 내 그림이 성의 없이 그려졌다고 말하거든, 당신이 그림을 성의 없게 본 것이라고 말해 주어라." 빈센트 반 고흐는 자신의 작품에 대해 평가하는 이들에게 이런 말을 했다.

자신이 담당한 일에 관해서 자신 있게 이렇게 말할 수 있는 사람이 되도록 노력하자. 모든 일은 진행하기 전에 먼저 세심하게 계획하고 준비하지 않는 한 자신이 원하는 성공을 거둘 수 없다. 어쩌다 운이 좋아 성공하는 케이스도 물론 있을 수 있다. 그러나 해마다 반복되는 모든 업무를 매번 운으로 성과를 낼 수는 없다.

너무도 당연한 이야기이지만, 일뿐만 아니라 인생에서도 마찬가지일 것이다. 최선의 성과를 원한다면 일의 구석구석까지 이미지를 구상해보고 상황을 상상하며 구체적 진행 과정을 예측해 보자. 어떤 프로세스가 필요한지, 실패할 경우의 대안도 준비하고 면밀하게 계획을 세워보자. 일을 실행하는 과정에서도 남보다 한 발 빨리 움직이고 되도록 꼼꼼하고 철저하게 준비하도록 하자. 만반의 준비를 하고 나면 일에 대한 두려움도 줄어든다. 업무 계획이나 프로젝트를 동료에게 자신 있게 설명할 수 있을 정도로 잘 계획하고 준비하자. 시작이 어렵지 한번 성과를 거두고 나면 그때부터는 자신의 기술이 된다.

또 이렇게 늘 미리 계획하고 준비하는 사람은 위기가 닥쳐왔을 때 지혜를 발휘한다. 자신이 담당한 일에 대해서는 완벽하게 대응해 나가는 이런 행동이 습관화되면 갑작스러운 돌발 상황에도 능숙하게 대처하는 여유로움이 생긴다. 보통 사람은 긴장되고 위기의 순간이 닥치면 알고 있던 것도 잊어버리고 우왕좌왕한다. 그래서 자신이 가지고 있는 실력을 제대로 발휘하지 못하는 경우가 대부분이다. 그런데 평상시에 작은 일도 계획하고 준비하는 습관이 몸에 배어 있는 사람은 돌발적인 일에 대응하는 능력이 뛰어나다. 돌발 상황을 순조롭게 처리해 나가는 당신을 보면 사람들의 평가도 달라질 것이다.

이미 계획과 준비하는 습관을 통해 자신이 이루어낸 성과로 인한 자신감도 어느 정도 있겠지만, 항상 준비한 대로만 일이 흘러가지 않는 예측 불허의 가능성도 꾸준히 학습해 왔기 때문이다. 이렇듯 준비하고 계획하는 과정에서 일의 프로세스도 배우지만, 마음을 단단하게 수련하고 오늘날 리더가 갖추어야 할 덕목으로 새삼 다시 강조되고 있는 '인내의 힘과 덕'을 기르는 시간이 된다. 세상이 아무리 바뀌어도 일을 계획하고 준비하는 기본적인 원리 원칙은 변하지 않는다. 복잡한 문제도 하나하나 풀어 보면 모든 문제점이 선명하게 보이게 된다.

해야 할 일이 정해지면 목표 계획은 하루라도 빨리 세우고 그에 따른 실천 계획을 세우며 부족한 점이 없는지 구체적으로 상상해보고 몇 번이고 체크하는 과정까지 포함해서 계획을 세우고 진행하자. 예를 들어 월요일이 되기 전에 미리 다음 주의 계획을 세우고 정리해보는 것이다. 계획을 세웠으면 그다음은 내 일에 몰입하자. 일의 최종 목표를 정하고 난 뒤 목표를 잘게 쪼개고 오늘 어떤 목표를 어디까지 완성해야 하는지 눈에 보이게 하는 것이 좋다. 이렇게 작은 목표들이 달성되면서 최종 목표까지 어떻게 완성되어 가는지 중간 과정을 점검하고 이런 과정에서 보충하거나 부족한 부분이 보인다. 직책이 올라갈수록 중장기적인 과제나 업무들이 늘어난다. 실무자로 일할 때부터 이런 습관도 쌓아 두면 도움이 된다. 일의 스피드를 조정하는 기술도 습득되기 때문이다. 의외로 관리직에 오르고 바쁜 일과 속에서 업무에서 헤어나지 못하고 고민하는 사람도 많이 보아왔다. 심플한 내용이지만 간단한 일부터 차근차근 연습해 나가자.

데드라인을 설정해 두는 것도 효율적이다. 매일 그냥 열심히 하면 되겠지 하는 식으로 일을 해나가는 것보다 자신만의 데드라인을 설정해 두고 정해진 납기 마감일 이전에 완성해서 다시 한 번 재점검하는 시간을 가지는 습관을 기르자. 업무 보고서이든 고객에게 보내는 서류이든 작성후 시간을 두고 다시 훑어보는 과정에서 고치고 수정해야 할 부분이 보이는 경우가 많다. 재점검 과정에서는 일의 스토리가 머릿속에 들어 있는 상태이기 때문에 전체의 맥락과 흐름이 한눈에 쉽게 들어오고 일의 퀄리티나 완성도가 올라간다. 일을 잘하는 사람들은 자신만의 데드라인을 가지고 일을 하는 경우가 많다. 모든 판단은 여유가 있을 때 올바른 판단이 이루어진다. 또 이렇게 하다 보면 일에 지배당하지 않고 일을 자기 주도적으로 이끌어 갈 수 있다.

모든 회의에는 늦어도 항상 5분 전에는 반드시 참석해 있는 것이 좋다. 항상 돌발 변수가 생길 수도 있다는 상황을 감안하고, 오늘의 회의 내용을 다시 회의 시작 전에 이 시간을 활용해 검토해본다. 일에 대한 추진 배경이나 주요 목적, 개선 사항 등의 진행 프로세스를 머리에 넣어둔다. 또 회의에 들어가기에 앞서 이 시간에 짧은 농담을 주고받기도 하고 아이스브레이크 타임으로 사용하면 본 회의에 들어가서도 서로의 의견을 주고받기 쉽다. 서로가 원하는 결론으로 이끌어가기 쉽다. 허겁지겁 참여하는 사람 중에 좋은 결과를 내는 사람은 별로 보지 못했다.

또 하나는 본격적으로 계획을 진행하기에 앞서 실무자와 충분히 이야기를 나누고 담당자의 역량과 병행 중인 업무가 없는지 등의 정황을 꼼꼼하게 분석하는 일이다. 성공과 실패의 모든 힌트는 현장에 있다. 실무자와 꼼꼼히 업무를 공유하는 과정에서 일의 완성도를 높이는 효과는 매우 크다. 앞에서 말한 바도 있지만, 모든 일의 정황 보고는 거의 메일을 사용하는 경우가 많다. 같은 프로젝트를 담당하는 실무자 간에도 서로가 사용하는 언어가 다른 경우가 있었다. 해결책으로 프로젝트의 용어사전을 만들었고 불필요한 시간을 줄였다. 이런 세심한 부분들도 일을 진행하기 전에 실무자와 충분히 대화를 나누고 정보를 수집해 두는 것이 나중에 시간을 절약하는 데 큰 도움이 된다.

소통이 빨라야 업무의 움직이는 속도를 따라잡을 수 있다. '나는 나, 너는 너'라는 생각에서는 원활한 소통이 이루어질 수 없다. 소통이 원활하고 협업이 잘되는 팀은 분위기도 좋고 서로 다른 업무 내용을 맡은 팀원들 간에도 활발한 의사소통이 일어난다. 일의 진행이 빠르고 작업 내용보고의 진행 속도 또한 빠르다. 그래서 요즘은 기업의 채용 기준이나 인재상에도 변화가 생기고 있다. 소통 능력, 협업 능력, 창의적 능력을 갖춘 사람을 찾고 있다. 사회나 학교의 교육 과정도 이 점에 중점을 두고 있다. 남들보다 빨리 시작하고 몇 배로 노력하기, 가장 중요한 일부터 먼저 착수하기, 철저히 목표와 계획을 세워서 실행하기, 자투리 시간을 효율적으로 활용하기 등 작고 사소한 습관일지라도 나에게 도움이 되는 좋은 습관, 성장을 향해 나아가는 습관은 자기 것으로 만들도록 애쓰자. 좋은 습관이 나의 성공을 끌어당기고 많은 기회를 부른다.

남이 보지 않는 곳에서도 늘 한결같은 모습으로 스스로 자신에게 최선을 다하고 팀원을 배려하는 사람이야말로 가장 바람직한 인재상이 아닐까 생각해 본다. 업무를 대할 때도 한결같이 일하는 습관을 들이자. 그런 습관은 결국 주위나 팀원들로부터 좋은 평가를 받게 되고 하는 일의 결과 또한 좋기 마련이다. 어떠한 마음가짐과 각오로 문제를 대하고 극복해나가느냐에 따라 그 속에 감추어진 보물을 발견할 수도 있다. 자신의 가치와 잠재력을 발견하는 기회가 되기도 한다. 항상 작은 일도 먼저 계획해보고 준비하는 습관을 들이고 지속적인 노력과 일에 대해 끊임없이 고민해보자. 어느덧 회사나 팀원들이 필요로 하는 사람이 되어 있을 것이다. 한 개의 습관을 고치는 사람은 열 개의 습관도 바꿀 수 있다.

작고 소소한 부분이라고 생각되는 일을 소홀히 하다가 그 때문에 전체가 무너지기도 한다. 아주 작은 실수가 프로젝트의 실패를 불러오기도 하기 때문이다. 항상 방심하지 말고 작고 사소한 부분에도 신경을 쓰도록 하자. 특히 실무자에서 관리자로 올라갈 때 늘어나는 업무량에 일의 전체를 컨트롤하지 못하고 허둥대는 경우가 있다. 그래서 시간이 있을 때 미리 많이 연습을 해두어야 한다. 처음부터 제대로 꼼꼼하게 계획하고 준비하며 일하는 습관이 배어있으면 업무량이 늘어도 안정적으로 진행해 나갈 수 있다. 노력보다 연습보다 확실한 투자는 없다.

여러 가지의 업무를 진행하다 보면 실패를 하기도 한다. 그래서 어떤 일도 실패의 두려움이 있을 수 있다. 그러나 걱정으로 해결되는 일은 없다. 성공의 노하우도 실패의 경험도 스스로 체험하지 않으면 알 수가 없다. 현대그룹의 정주영 회장은 이렇게 말했다. "실수는 누구나 할 수 있는데, 중요한 것은 한순간 실수했다고 해서 그 실수 때문에 그때까지의 모든 것을 포기해서는 안 된다는 것이다. 일해나가는 데 있어서 어떤 것보다 치명적인 실수는 일을 포기해 버리는 것이다. 그리고 참다운 지식은 직접 부딪쳐 체험으로 얻는 것이며, 그래야만 그 가치를 제대로 안다."

간접적인 체험도 물론 도움이 되겠지만 나의 경험이 가장 가치 있는 것이다. 자신을 믿고 끊임없이 노력하고 부단한 성실함으로 자신의 실력을 키워나가자. 정직한 노력만이 지속적인 성과를 낸다. 자신이 하는 일의 주인이 되어야 한다.

주말이라고 토, 일요일을 노는 데 다 보내지 말고 자기계발이나 다음 주의 업무를 준비하는 습관도 길러보자. 아무런 준비도 없이 맞이하는 월요일은 즐거울 수가 없다. 주말의 시간도 자신을 위한 시간으로 알차게 보내는 연습을 하자. 미리 계획을 세우고 정리하는 습관이 다른 사람보다 하루, 한 달을 앞서가는 비법이다. 어떠한 어려운 일도 준비와 계획이 뒷받침된다면 자신감을 생기게 하고 두려움도 해소한다. 보이지 않는 곳에서 더 열심히 하자. 창조적인 내일을 열어가자. 그리고 그렇게 얻어진 자신감이 다른 사람 앞에서도 당당할 수 있게 한다. 최선을 다하고 한결같은 모습을 지켜가는 사람은 가장 인정받는 인재상이 아닐까. 모든 노력과 훌륭한 습관은 결국 자기 삶의 질을 높여가는 기본 틀을 만들어준다. 단순하고 심플한 원리 원칙이지만 나의 삶의 흔들리지 않는 기본 지침으로 삼아보면 어떨까 한다.

# 06

## 남들보다
## 일찍
## 출근하라

    회사에서 다양한 업무를 진행하며 바쁜 사람일수록 그 가운데서 시간을 만들어내고 그 시간을 자기계발 등에 활용하는 사람이 많다. 아이러니하게도 시간에 여유가 있는 사람이 적극적으로 시간을 활용할 수 있을 것 같지만 오히려 많은 업무를 담당하고 있는 사람이 시간을 쪼개어 가며 다양한 일을 해낸다. 사원일 때보다 관리직에 올랐을 때 더 많은 일을 해내는 것도 이런 이유이다. 이런 사람들은 대부분 공통점이 있다. 자신의 시간을 효율적으로 사용하고 일을 진행하고 컨트롤하는 능력이 뛰어나다는 점이다. 일의 성과는 업무 스킬도 당연히 중요하지만 다양한 업무를 진행하기 위해서는 얼마나 시간을 관리할 수 있느냐에 성공의 여부가 달려 있다.

앞서 말한 바 있지만, 남들보다 일찍 출근하는 습관을 지닌 사람들이 있다. 하루에 30분 만이라도 남들보다 일찍 출근해서 부족한 공부를 한다든지 책을 읽어도 1년이면 180시간을 자기계발에 사용할 수 있다. 아침을 정돈된 마음으로 상쾌하게 맞이하면 그날 하루의 업무에 대한 집중력도 높아진다. 하루 업무를 시작하기 전에 그날의 중요한 업무의 우선순위를 간단하게 목록으로 만들어 준비한다. 자기만의 메모나 노트에 정리하는 방법도 효율적이다.

다음은 아침 시간에 업무 스페이스의 정리 정돈을 한다. 일을 정리하는 것만큼 외부적인 책상이나 작업 환경을 정리하는 일도 굉장히 중요하다. 일을 효과적으로 하는 사람들의 책상은 거의 다 깨끗하게 정돈되어 있는 경우가 많다. 책상 위를 깨끗이 정돈하는 친구는 서랍 속이나 사물함도 깨끗하게 정돈되어 있고, 일에 필요한 자료들도 가지런히 정돈되어 있다. 그런 사람이 만든 업무 보고서는 요점이 잘 정리되어 있고 내용도 알기 쉽다. 자기의 생각도 잘 정리해서 말하는 사람들이 대부분이다. 책상 위가 너저분한 친구 중에 일을 잘하는 친구를 별로 본 적이 없다.

나는 아침에 일어나면 제일 먼저 이불을 정리한다. 잘 정돈된 상태를 보면서 생각과 마음도 정리되는 느낌이 든다. 기분이 좋아지고 나도 모르게 만면에 미소를 띠게 된다. 행복한 기분이 들고 욕실에서 거울을 보며 나를 향해 미소를 지어 준다. 이렇게 즐거운 마음으로 하루를 시작하는 것이 어느새 일상의 루틴이 되어 버렸다. 회사에서도 요즘은 코로나로 인해 환기가 필요하기에 아침 일찍 출근한다. 제일 먼저 창문을 열고 환기를 시킨 후 나의 책상 위나 동료의 책상, 공동으로 사용하는 공간을 알코올로 소독한다.

이렇게 조용한 시간에 메일을 점검하고 중요한 일들을 생각하고 판단한다. 그날의 중요한 일은 모두 업무 시작 전에 결론을 내려놓는다. 때론 그 전날에 계획을 세워서 회사에 도착하면 제일 먼저 그 일을 완성하기도 한다. 업무가 시작되면 다른 사람들도 같이 움직이고 활동하기에 혼자서 조용히 메일을 읽을 시간도 잘 주어지지 않기 때문이다. 특히 팀원들과의 소통이나 지시, 보고, 회의 등으로 업무시간이 바빠진다.

관련 부서나 중요한 프로젝트를 진행하는 기간에는 각 담당자로부터 회의 소집이나 연락 사항들을 꼼꼼하게 체크하고 메일은 되도록 빠르게 답장을 하는 습관을 기르자. '되면 되고, 안 되면 안 된다. 알았다 몰랐다.' 등으로 답변을 해 일단 이쪽이 어떤 상태인지 알게 해주어야 상대방도 그에 따른 준비를 할 수 있다. 상대방을 빨리 준비시켜야 피드백을 받고 그다음 우리 쪽 일의 진행도 빠르게 할 수 있다. 그리고 업무가 한 단계 진행될 때마다 서로의 이해도를 확인도 할 겸 이런 타이밍에 짧은 감사의 메일을 보내기도 한다.

회사에서 일할 때나 개인적인 시간을 보낼 때도 몰입해서 한 가지 일에 집중하는 시간을 좋아한다. 몰입할 때 일을 효율적으로 처리할 수 있다. 그래서 그만큼의 시간을 절약할 수 있다. 내가 아침에 일찍 출근하는 이유도 여기에 있다. 효율적으로 시간을 사용할 수 있기 때문이다. 물론 집중하고 몰입해서 진행한 업무의 완성도가 높은 것도 새삼 설명할 필요는 없을 것이다.

아침 시간을 활용하라는 이야기는 많은 책이나 성공자들의 이야기에서 누구나 많이 들어보았으리라 생각한다. 흔한 이야기일 수 있지만 이런 작은 습관 하나하나에 자신을 성장시키는 엄청난 가치가 담겨 있다. 시간 관리를 잘하는 사람이 빠른 성과를 이룬다. 아침에 회사에 출근하면 가장 중요한 일부터 먼저 시작하자. 남보다 조금 먼저 일찍 출근하는 일이 심플한 행동 습관이지만 꾸준함이 더해지면 이런 습관도 나를 바로 세워주는 힘이 될 수 있다.

최고의 성과를 내기 위해 모든 것에 매 순간 집중할 수는 없다. 피로가 쌓이면 집중력이 떨어지기도 한다. 나의 일상을 모두 기록할 정도의 세세한 메모를 적어서 최대한 활용하자. 회의 날짜와 시간, 상대방의 이름, 업무 내용과 임팩트 있는 키워드, 상대방의 이야기 내용, 그때그때 떠오른 생각 등을 구체적으로 적어두지 않으면 나중에 메모를 보아도 기억이 잘 나지 않는다. 이렇게 적은 메모들만 모아두어도 가벼운 기획서 하나는 만들 수 있을 것이다.

나는 주로 '대안을 제안할 때'에 이 메모를 효율적으로 사용한다. 하나의 프로젝트에도 같은 사람과 몇 번씩이나 회의하게 된다. 그 사람의 생각이나 느낌을 항상 외우고 있을 수는 없다. 일이 예상대로 풀리지 않을 때 과거에 상대의 발언들을 보면서 상대의 생각을 읽고 그 속에서 발견한 대안을 제시할 수 있다. 나는 가벼운 미팅이라도 항상 메모하는 습관이 있다. 노트에 공유한 정보와 그때 나의 느낌, 생각만이라도 간단하게 써둔다. 나중에 그 메모는 기획안 작성 시 든든한 기본 자료가 되어주곤 한다. 진짜 훌륭한 나의 오른팔이다.

의외로 회사의 비품을 지나치게 낭비하는 이른바 '안 쓰면 나만 손해라는 마인드'를 가진 사람이 있다. 주인의식이 모자라는 구성원이 그 회사의 주인이 될 수 있을까? 상사는 항상 부서 내의 자신의 데스크에만 앉아 있는 사람은 아니지만, 주인의식이 부족한 팀원은 대화나 행동을 보고 금방 간파해 버린다. 겉으로는 번드르르하게 SDGs[Sustainable Development Goals]를 논하고 환경 개선을 소리치지만, 그의 행동이 말과 다르다면 아무리 우수하고 훌륭한 보고서를 만들어도 당연히 신용이 떨어질 것이다. 비록 소소한 작은 물건이라고 하더라도 자신이 돈을 주고 산 물건처럼 아끼고 소중히 하자. 회사에서 인정받는 직원들을 보면 보이지 않는 곳에서도 한결같은 사람들이 많다. 즉 재능보다 덕(德)을 갖춘 사람들이다.

입사 후에 나의 상사가 나에게 이런 말을 해주셨다. "지금은 사원일지

몰라도 일은 팀장처럼 해야 한다. 팀장이 되면 그때는 과장, 부장처럼 일하도록 해라. 그리고 부장이 되었을 땐 임원과 대표처럼 일해라." 그때는 '무슨 말도 안 되는 소리인가.'라고 생각했다. '난 아직 사원이니까, 다른 선배들도 계시고 나는 이쯤에서….'라는 생각으로 마음이 움직이지 않았던 시절이었다. 지금 생각해 보면 이렇게 소극적인 생각으로는 자신의 발전조차 기대할 수 없다. 아무것도 준비되지 않은 상태에서는 기회가 와도 내 것으로 만들지 못한다. 좋은 습관들을 몸에 익히고 항상 준비된 상사로 직장 생활을 알차게 보내라고 당부하고 싶다. 요즘 나는 그때의 상사에게 들은 말을 후배들에게 들려준다. 거기에 하나 더 보태어서 '네가 상사라면 어떻게 할 것인지 이야기해 봐.'라고. 그리고 저절로 웃음이 나온다. 나도 이런 이야기를 후배에게 할 나이가 되었구나.

나와 팀이 함께 앞으로 나아갈 수 있는 목표라면 최선을 다해 이루어 나가야 한다. 그 과정에서 혼자 열심히 하기보단 동료와 함께 이루어 갈 수 있도록 동료의 성장도 잘 챙기며 나아가자. 남들보다 조금 일찍 출근해서 창문을 열고 함께 상큼한 하루를 시작하는 것부터 시작해 보자. 저절로 기분이 좋아지고, 웃으며 아침 인사를 건네게 된다. 하루 업무의 시작은 아침이다. 아침을 어떻게 시작하느냐에 따라 그날의 일에 적지 않은 영향을 미친다. 남과 나를 구분하지 않는 태도나 책임감, 공동체 의식은 상대방의 신뢰를 쌓이게 하고, 자신이 곤경에 처했을 때 도와주려고

하는 동료를 반드시 나타나게 해준다. 모든 일에 애정을 가지고 열심히 하자. 항상 일을 통해 다양하게 나와 팀이 성장할 수 있는 기회를 만들자. 성장에 있어서 가장 중요한 것은 내면의 성장을 이루는 것이다. 작은 성장이라도 자신의 성장만큼 행복한 일은 없다.

# 07

## 끊임없이
## 학습하고
## 도전하라

영국의 정치가인 벤저민 디즈레일리는 이런 말을 남겼다.

"성공의 비결은 목적의 불변에 있다. 하나의 목표를 가지고 꾸준히 나아간다면 성공한다. 사람들이 성공하지 못하는 것은 처음부터 끝까지 한 길로 나아가지 않았기 때문이다. 최선을 다해서 뚫고 나아간다면 만물을 굴복시킬 수 있다."

많은 조직에서 훌륭한 리더의 자질로 '자신이 담당하고 있는 업무뿐만 아니라 함께하는 직원들의 업무와 그들의 인생도 같이 바라보며 걱정하고 함께 나아가는 열정을 가진 인재'를 꼽고 있다. 그리고 '같은 미션을 향하게 하는 것이 훌륭한 리더의 역할이다.'라고 공통으로 이야기한다.

또 '인재를 발굴하는 것보다 중요한 것은 다음 세대의 조직의 리더로 성장시키고 교육해 나가는 과정이다.'라고 말한다. 교육에 많은 시간을 투자하고도 유능한 사람들이 성과를 내지 못하는 이유에 대해서는 미래에 대한 꿈과 비전을 제대로 공유하지 못했기 때문이라고 한다. 시대에 따라 조직의 목표나 직원의 성장 기준도 달라진다. 어느 시대를 살아가더라도 변하지 않는 올바른 인격과 윤리와 도덕을 근본 바탕에 둔 튼튼한 나의 뿌리를 만드는 노력을 게을리하지 말자.

2020년 초부터 코로나 19의 확산으로 재택근무를 시작하게 되었다. 팀원 중에는 새로운 일하는 방식에 대해 혼란을 보여주는 사례도 있었다. 너무나 다른 업무 환경에서 성과의 관리와 팀원들과의 소통에 불편함을 느끼는 직원도 많았다. 변화된 업무 환경에 적응하는 것이 어렵다는 의견도 들었다. 우리 팀은 2019년부터 진행해 왔던 '멀티 협업 시스템'으로 다른 부서와 비교해도 굉장히 '스무스'하게 재택근무에 돌입한 케이스였다. 그래도 과거처럼 자기 자리에서 일어서면 상대방의 표정과 근무 상태가 보이던 상태에서 비대면 근무가 일반적인 업무 형태로 되어 버려 상대가 보이지 않는 상태에서 자신이 어떻게 움직여야 하는지 불안을 호소하는 팀원도 있었다.

동시에 가족 친구, 지인이 코로나 확정자가 되기도 하여 불안한 마음이 더욱 커지기도 했던 시기이기도 하였다. 팀원 중에 어머님께서 코로나 확정이 되어 격리 상태에 들어갔다는 연락을 받았다. 팀원은 어머니의 연세가 많으신 탓에 잘 극복할 수 있을지 심리적인 불안감에 빠져 있었다. 이때는 코로나 사망률도 높은 시기였고 매스컴에서도 연일 사망 속도가 보도되었다. 이 외에도 혼자 사는 팀원들은 이때까지 회사에서 웃고 대화하며 일을 하다가 갑자기 아침부터 밤까지 아무하고도 이야기하지 않는 상태가 되면서 시간이 지날수록 체력 저하 증상을 보이거나, 모티베이션이 낮아지는 경향도 보였다.

어떤 상황에서도 팀원들이 일을 즐겁게 하는 것이 나의 목표이기도 하다. 과거에는 같은 공간에서 고개만 돌려도 팀원들의 표정이나 상태를 알 수 있었지만, 재택근무가 시작되고 팀원들의 상태를 제대로 파악하기 힘든 것도 사실이었다. 나는 '1일 30분 잡담 프로젝트'를 마음대로 정하고 매일 돌아가며 동료들에게 30분씩 업무 진행 상황의 이야기를 포함한 일상생활의 소소한 이야기를 물어보았다.

식사는 뭘 먹었는지, 반찬은 뭘 만들었는지, 일하는 환경은 쾌적한지, 질문 사항은 없는지, 그리고 나의 소소한 이야기를 들려주고 하루에 한 번씩 팀원을 웃기기로 했다. 미리 토요일과 일요일에는 코미디 프로를 참고하여 재밌는 이야기를 메모해 두었다가 리모트 미팅을 할 때 큰 소리로 웃고 이야기도 했다. 특히 혼자 생활하는 친구들은 나의 아마추어 개그에 못 이겨 자신도 개그를 준비해 두었다가 나를 웃겨주기도 했다.

이렇게 1년 정도가 지나고 우리 팀은 매일 서로가 통화하는 일이 일상이 되었고 비대면 근무의 불편도 점점 줄어들고 있었다. 같은 시기에 다른 부서에서는 쌓이고 쌓인 소통 부족의 문제를 어떻게 해결해야 할지 커다란 문제로 대두되고 있었다.

점점 새로운 시대와 새로운 문제가 앞으로도 우리를 기다리고 있을지 모른다. 과거의 상식이 오늘날에는 비상식이 되기도 하고 새로운 AI 시스템이 업무를 능숙하게 처리하기도 한다. 끊임없는 학습과 도전은 어느 시대에도 빠질 수 없는 기본기이다. 우리에게 행복을 가져다주고 당면한 환경에 대처할 수 있는 학습과 실천이 필요한 시기인지 모른다. 나의 코로나 미팅 '1일 30분 잡담 프로젝트'는 (오버 리액션, 큰 소리로 칭찬해주기, 재밌는 코미디 들려주기 등) 학습을 통해서 팀의 리더들도 자신의 팀원들에게 당연한 듯이 리모트 화상 전화를 걸고 업무 이야기와 잡담을 함께 즐기며 일의 효율을 올리고 있다. 재택근무로도 일의 성과를 보여주고 있는 우리 팀은 2022년 또 새로운 업무가 확장될 계획이다.

말콤 포브스의 경청에 관한 명언이 떠오른다.

"대화의 기술보다 더 값진 것은 경청의 기술이다. 훌륭한 경청의 기술은 리더십의 핵심 요소입니다. 말하는 사람이 아니라 듣는 사람에게 책임이 있다고 할 정도로 경청은 성공을 위한 중요한 핵심 스킬입니다. 말하는 사람에게 몸을 기울여 주의 깊게 공감하며 잘 듣는 것은 그 사람에 대한 사랑과 배려입니다. 준비된 마음과 열린 자세가 필요합니다."

사랑과 배려를 바탕으로 한 팀원 한 사람 한 사람의 이야기를 경청하며 모두를 위한 이 시대의 학습 커리큘럼을 준비해야 할지도 모르겠다.

작은 성공을 끊임없이 경험하며 스스로 자기 자신을 격려하고 성취감을 키우는 것이 큰 성공으로 가는 최고의 지름길이 될 수 있다. 끊임없이 학습하고 도전하는 과정에 시련은 동반한다. '해 뜨기 직전이 가장 어둡다.'라고 말하는 것처럼 목표에 도달하기 전, 성공하기 직전이 가장 힘들 수도 있다. 우리는 지금 도전하는 중이다. 처음으로 겪어보는 코로나로 인한 리모트 워크나 재택근무도 하나의 새로운 도전이다. 왜냐하면, 변화된 업무 환경 속에서도 지속적인 성장을 해야 하기 때문이다. 창의적인 목표를 세우고 팀원과 즐겁게 달성하는 '드림팀'을 자신의 손으로 만들어가기 바란다. 함께 성취의 기쁨을 누리고 준비된 다음 세대의 리더로 활약하자. 앞으로 내가 걸어가야 할 길을 먼저 가고 있는 리더나 상사, 선배도 지금의 나처럼 끊임없이 노력한 사람들임에 틀림이 없다. 어쩌면 나의 상상 이상의 노력을 한 사람들인지도 모른다.

같은 일이라도 열정이 있고 하는 일의 목표가 뚜렷한 사람은 그렇지 않은 사람과 월등한 성과의 차이로 이어지기도 한다. 일에 대한 열정도 없고 아무것도 도전하지 않는 사람에게 변화는 일어나지 않기에 실패나 성공도 도전하는 사람만이 경험하는 특권일 수 있다. 분명한 것은 도전은 새로운 변화를 만들고 그 변화는 나를 더 큰 경험으로 이끌어 성장시킨다는 것이다. 직장에서 때론 도전은 커다란 마음의 각오가 필요할 때도 있다. 모든 도전은 각오만 있으면 가능하다. 끝까지 나를 믿어줄 각오이다. 그리고 실패를 해도 다시 일어날 각오이다.

"자신의 능력을 믿어야 한다. 그리고 끝까지 굳세게 밀고 나아가라."라고 로잘린 카터는 말했다. 이 세상에서 제일 강한 사람은 자기 자신을 믿고 포기하지 않고 앞으로 나아가는 사람이다. 어떠한 시련도 자신을 향한 믿음이 있다면 앞으로 나아갈 수 있다. 학벌이나 재능은 다른 사람보다 때론 부족할 수도 있다. 그러나 인간다움의 바른 덕목을 추구하고 자신에 대한 믿음으로 행하는 심플한 원리는 비록 단순하나 모든 것을 이루어낸다. 자신은 물론이요 다른 사람에게도 도움이 된다. 그런 사람은 진정으로 함께 일하고 싶다는 생각이 드는 사람이다. 훌륭한 인맥보다 건전한 가치관을 공유하고 상대방을 마음으로 이해하며 따뜻한 대화를 나눌 수 있는 그런 사람이 되자. 또한, 이런 사람들의 공통점은 하나같이 어떻게 상대를 도울 수 있을지를 고민한다. 인생의 진리는 성실함과 꾸준함으로 한 발 한 발 전진하는 과정을 통해 체득하는 교훈이 아닐까 생각한다. 누구에게나 '이 사람과 함께하고 싶다.'라는 마음이 드는 인정받는 사람으로 자신을 키워나가자.

## 5장

함께
일하고 싶은
사람이 되어라

# 01

## 긍정적인 마인드는
## 모든 것을
## 변화시킨다

팔과 다리가 없는 평범하지 못한 몸으로 오늘날의 행복과 희망의 전도사가 된 닉 부이치치는 이렇게 말한다. "최고의 장애는 당신 안에 있는 두려움이다. 남보다 뒤처졌다는 생각에 떨고 있는가. 두려워 말라. 당신은 묵묵히 가기만 하면 된다. 당신의 속도는 문제가 되지 않는다. 지금 당신이 달리고 있다는 것이 중요하다. 당신은 포기하지 않고 가고 있다는 것만으로도 이미 충분하다."

우리는 여러 가지 종류의 갈등과 절망, 불안과 어려움 속에서 하루하루를 힘들다고 생각하며 살아간다. 그 이유는 타인을 의식하고 나와 남을 비교하기 때문인 경우가 많다. 그래서 남들보다 뒤처졌다는 생각을 하게 된다. 나를 믿는 힘이 점점 약해지고 목표에 도달하기 전에 주저앉아 버리게 된다. 과정은 누구나 힘들기 마련이다. 또 지금의 힘든 상황은 결코 영원히 지속되는 일은 없다.

닉 부이치치는 강연 중에 또 이런 말도 남겼다.

"길을 가다가 넘어질 수도 있어요. 이렇게 넘어지면 어떻게 하죠? 여러분이 모두 알다시피 다시 일어나야죠. 왜냐하면, 이렇게 넘어진 상태로는 아무 곳에도 갈 수가 없으니까요. 살다가 가끔 당신이 이렇게 넘어졌을 때 다시 일어나지 못하겠다고 느낄 때도 있어요.

여러분 저에게 희망이 있다고 생각하세요? 저는 이렇게 넘어져 있고, 제게는 팔도 다리도 없어요. 제가 다시 일어서는 것은 불가능하겠죠? 하지만 그렇지 않아요. 저는 백 번이라도 다시 일어나려고 시도할 거예요. 만약에 백 번 모두 실패하고 일어나는 것을 포기하면 저는 다시는 일어서지 못할 거예요. 실패해도 몇 번이고 다시 시도하고 또다시 시도하면 그것은 실패가 아니에요. 끝이 아니에요. 어떻게 끝내는 것인가가 중요한 거죠. 당신도 다시 일어날 수 있는 용기를 얻을 수 있을 거예요."

자신의 온몸을 던져서 열정적으로 연설하는 그의 메시지는 영상을 보고 난 후에도 감동이 남았고, 경쟁 사회 속에서 끊임없이 홀로서기를 반복하는 마치 우리 자신의 모습을 보는 것 같았다.

최선의 성과를 이루기 위해서 제일 필요한 핵심 요소는 '긍정의 마인드'를 꼽을 수 있다. 직장 생활은 바쁜 업무로 계속되는 시간과 벌이는 싸움이다. 그 속에서 동료를 진심으로 대하며 부하 직원을 덕으로 다스리고 항상 자신을 바로 세우는 일이란 쉽지 않다. 지속적인 '긍정의 마인드'는 이런 인성을 형성하는데도 밑거름이 된다. 자신과 하는 끊임없는 긍정의 대화에서 포기하지 않는 힘이 생겨나고, 그 힘을 점점 크게 키울 수 있다. 내가 긍정적이면 주위에도 긍정적이고 밝은 사람들이 항상 모여든다. 아무리 힘든 상황에서도 웃음을 잃지 말자. 누구나 밝고 잘 웃는 사람을 좋아하고 그런 사람과 같이 일하고 싶어 한다. 부정적이고 비관적인 사람보다 긍정적인 사람과의 대화가 생산적인 결과를 가져오는 것 또한 이제 더 이상 강조할 필요도 없다. 항상 밝은 웃음과 상대방을 이해하려는 자세와 진정성을 잊어버리지 말자.

예측 불허한 시대를 살아가고 있는 우리에게 이제 과거의 '일의 방식'이 지금의 업무에는 제대로 적용되지 않는 경우가 생기기도 한다. 나는 수년 전부터 해외 지사에 보내는 제품 솔루션의 영상을 제작하는 팀을 담당하고 있다. 이때까지 담당해왔던 다른 팀에서 실행한 업무의 진행 방식으로는 원하는 성과물을 만들어내는 데 부족함을 느꼈다. 과거의 경험이나 실적이 축적되어 있지 않은 새로운 일들은 하나같이 무언가를 바꾸어 실행해보고 문제에 맞도록 정답을 찾아가야 한다. 그 과정에서 실패를 체험하며 때로는 관점이나 생각이 180도로 바뀌는 경험을 하기도 한다. 평소 생각하던 방식대로 행동하는 습관에서 관점을 바꾸지 않으면 결코 다른 것이 보이지 않는다. 내가 보고 싶은 것만 보지 않기 위해서도 항상 '열려 있고 긍정적인 마인드'가 필요하다. 관점을 바꾸는 사고방식의 전환이 동료의 의견을 긍정적으로 검토하게 되고 거기에서 번뜩이는 아이디어를 얻기도 한다. 이렇게 경험과 학습을 거친 오퍼레이션을 교육 프로그램에 넣고 스케줄을 짜서 팀원들과 함께 공유한다. 이러한 시스템에서도 가장 중요한 것은 항상 서로에게 겸손한 태도와 긍정적인 마인드로 배우고 임하는 자세이다. 상대방에게 존중을 보이면 그 사람의 태도도 바뀔 가능성이 크다. 상대의 이야기도 집중해서 들으려는 마음이 생긴다. 이렇듯 협업으로 뭉쳐진 팀의 장래는 설사 미래가 불확실하다 하더라도 목표를 계획하고 서로가 협력하며 문제를 풀어나가는 조직의 풍토를 이루어 다 함께 성장해 나간다. 일의 작은 관점 하나를 바꾸어 생각하는 습관이 회사의 업무나 나아가서는 인생에서 주어지는 문제를 180도 다른 각도에서 바라볼 수 있게 하는 마인드의 전환을 가져다주기도 한다.

"무엇에 대해 꿈꿀 수 있다면 그것을 실행하는 것 역시 가능하다." 세계적인 꿈의 이룬 월트 디즈니의 말이다. 살다 보면 누구나 힘들고 어려운 시간이 있다. 그러나 어떠한 조건 아래에서도 꿋꿋이 성장을 향해 나아갈 수 있으려면 나만의 꿈과 긍정적인 마인드가 있어야 한다. 긍정적인 마인드는 자신의 성장을 향해 나아가는 필수조건이다. 또 내가 지금

처해 있는 환경을 변화시키는 '유일하고 거대한 힘'이기도 하다. 나에게 새로운 기회를 열어주기 위해서라도 자신을 믿고 강한 신념을 가지고 앞으로 나아가자. 시간이 지나면 반드시 성공한 자신과 마주할 것이다. 나 또한 이런 긍정적인 마인드의 중요성을 몰랐다면 지금도 자신을 비관하며 힘들고 불행한 나날을 보내고 있었을지도 모른다.

내면세계가 밝고 긍정으로 가득한 사람은 겉으로도 좋은 기운이 풍긴다. 늘 밝은 미소를 짓고 있고 전체에 유익함을 주기 위해서 움직이는 사람이 많다. 저절로 그 사람에게 도움을 주려는 사람들이 주위에 모인다. 역시 같은 기운의 사람을 끌어들인다는 말이 정말 맞는 것 같다. 그래서 내가 변해야 한다. 내가 변하면 모든 것도 변해 있을 것이다.

반면 손해와 이익을 항상 계산하고 자신에게 해가 되는 것은 조금도 하기 싫어하는 사람이 있다. 말로 표현하지 않아도 우리는 그런 사람들을 보면 왠지 느낌으로 알 수가 있다. 상대에게 불만이 가득하고 감사하는 마음이 생기지 않는 사람이다. 그런데 우리의 삶에서 가장 기본이 되는 마음가짐 중의 하나가 '감사함'이다. 감사함을 느끼는 마음은 모든 상황을 긍정적으로 바라보게 하며 힘들었던 마음을 편안하게 해준다. 하루에 한 번이라도 동료나 주위의 누군가에게 감사를 전하는 습관을 길러보자. 당신의 마음 또한 행복해질 것이다.

성공한 사람들은 누구나 한결같이 이렇게 말한다. '성공한 사람들은 성공이란 단어를 계속 끝까지 마음속에 가지고 있었던 사람이다.' 지속해서 자신의 꿈을 키우는 사람들은 항상 긍정적으로 상황을 바라보는 지혜를 가지고 있는 사람들이다. 우리는 금세 상황의 부정적인 면을 보고 있을 때가 있다. 금방 나쁜 생각에 빠지기 쉽다. 그러나 부정적인 생각이나 말, 태도는 실제로 아무런 도움이 되지 않는다. 모든 일에서 자신의 행복감을 낮추어버린다. 자신이 행복하지 않으면 남을 원망하게 된다. 그리고 그 마음이 다시 한 번 자신의 행복을 작아지게 한다. 의식적으로 상대방의 긍정적인 모습을 보려고 노력해야 한다. 당신의 모든 생각을 긍정적으로 바꾸고 생각하는 습관을 기르자. 남의 행복을 부러워할 시간이 있으면 그 시간에 나의 행복을 생각하고 나의 꿈을 키워가자. 무엇이든 목표를 향해 긍정적으로 나아가면 그 사고가 행동을 낳고 행동이 당신의 습관과 마인드를 바꾼다.

알버트 아인슈타인은 "나는 긍정적인 생각을 바탕으로 원하는 미래를 창조합니다. 우리가 창조한 세계는 우리의 생각에서 나옵니다. 따라서 생각을 바꾸지 않으면 바뀌지 않습니다."라고 말했다. 생각하는 과정에서 이미 창조와 성장이 시작되는 것이다. 훌륭한 성장은 긍정적인 생각을 바탕으로 이루어진다. 성장이 가장 큰 행복이다.

긍정적인 마음으로 목표를 향해 직진해보자. 좋은 생각은 항상 좋은 일을 끌어당기고, 감사할 줄 알아야 감사한 일들도 생긴다고 한다. 역사상 위대한 인물인 레오나르도 다 빈치, 아인슈타인, 에디슨과 같은 자기 분야에서 최고가 된 사람들도 긍정적인 자기암시를 통해서 뛰어난 능력을 발휘할 수 있었다고 한다. 이러한 사례는 이들 이외에도 유명한 경영인이나 학자, 베스트셀러 작가들의 저서에서도 많이 접할 수 있는 내용이다. 특히 올림픽이나 운동 경기에서 긍정적인 자기암시를 승리의 비결로 꼽은 선수들이 너무도 많다.

알리바바 대제국을 만들고 기업을 더 오래 살아남게 하도록 최선을 다한 알리바바 마윈은 이렇게 이야기한다.

"성공하는 사람들은 믿기 때문에 보인다. 일반 사람들은 보이기 때문에 믿는다. 실패하는 사람들은 보고도 믿지 않는다."

우리는 아직 보이지 않을 수도 있지만, 자신의 꿈과 미래를 굳게 믿자. 그리고 지금 이 자리에서, 지금보다 더 나은 사람이 되기 위해, 지금, 이 순간부터 노력하자.

## 02

# 자신의
# 일을
# 소중하게 대하라

"어떻게 그렇게 시간을 쪼개서 많은 일을 하시나요?"

"상사에 대한 스트레스나 평상시의 모티베이션 관리를 어떻게 하세요?"

"일을 하면서 힘들다고 느끼실 때는 없나요?"

"항상 초연함을 유지하는 방법이 있나요?"

긴 회사 생활 덕분인지 이러한 질문을 참 많이 듣는다. 어떨 땐 울먹이며 이렇게 물어오는 후배도 있다. 직장인은 하루 시간 대부분을 직장에서 보낸다고 해도 과언이 아닐 것이다. 우리는 짧은 시간이든 긴 시간이든 학교를 졸업하고 나면 회사나 어느 단체에 소속되고 자신의 경력을 쌓아 나간다. 그 속에서 많은 사람과 부딪히고 실패와 경험을 통해 자신을 성장시켜 나간다. 평생 나의 행복을 위해서 사용해도 부족할 황금과도 같은 시간을 고통과 슬픔의 시간으로 보내서야 되겠는가. 자신이 선택한 일이라면 자기의 일을 사랑할 줄 알아야 한다. 그리고 '일을 통한 자기완성' 또한 반드시 배워 나가야 한다. 아침에 눈을 뜨면 행복하고 내일이 기다려지는 가슴 뛰는 하루하루를 살아가야 한다.

후배의 질문에 웃으며 이렇게 대답했다.

"나라고 왜 힘든 시기가 없었겠어. 실패하고 넘어지고 울고 포기하고 싶은 날들도 너무 많았지. 당연히…."

후배나 동료를 위해서 나의 경험담을 아낌없이 이야기한다. 나의 실패담이 그들에게 참고가 되고 도움이 된다면 나의 실패가 가치 있는 이야기로 바뀌는 고마운 순간이기도 하다. 또 나와 같은 실패를 경험하지 않게 도와줄 수 있어서 흐뭇하다는 생각이 든다. 굳이 불필요한 체험이라면 같은 실패를 시간을 들여서 체험하게 할 필요는 없다.

여러 부서에서 업무를 경험한 세월 동안, 많은 실패도 있었다. 자기의 일을 소홀히 생각하고 최선을 다하지 않았기에 만족스럽지 못한 성과물과 마주한 경험도 있었다. 다른 사람의 실력을 인정하지 않고 협업하지 못해서 불필요한 시간이 들어간 프로젝트가 마감일을 지키지 못한 일도 있었다. 이때 나는 모든 실패의 원인이 나와는 상관없는 외부에 있다고만 생각했었다. 그리고 무엇보다 팀원에게 들려줄 꿈과 비전이 없었다. 나와 나의 일을 똑바로 바라보지 못했던 것이다.

내가 살고 있는 이곳 나고야에서 렉서스 자동차를 판매하는 호시가오카 매장의 도어맨으로 근무하고 계시는 분에 관한 이야기이다. 어느 날 회사의 동료가 렉서스 호시가오카 매장의 도어맨으로 일하고 계시는 연세가 많은 남자분, 연령대가 어쩌면 노령이실 수도 있겠다며 그분의 이야기를 알고 있냐고 나한테 물어왔다. 나는 무슨 이야기냐고 되물었고, 그러자 나의 동료는 이분의 이야기를 하기 시작했다. 이 남자분은 자신의 매장에서 구매하지 않은 렉서스 차량이라도 근처의 도로를 달리고 있으면 멀리서 그 차를 향해 머리를 숙여 인사를 한다는 것이었다.

줄곧 서서 일해야 하는 도어맨의 업무는 어쩌면 이분에게는 나이를 고려했을 때 체력적으로 힘든 일일 수도 있다. 기본 휴식 시간이 있다고 해도 틈새 시간이 생기면 앉아서 휴식을 취하고 싶으실지 모른다. 그러나 휴식은커녕 자기가 담당하고 있는 매장에서 구매했든, 그렇지 않든 무조건 렉서스 자동차가 보이면 언제 어디서든지 멀리서라도 차를 향해 웃으면 머리를 숙여 인사를 한다는 것이다. 차 주인이 알든 모르든 상관없이. 나도 처음 들은 이야기였다. 렉서스 호시가오카 매장은 나고야시의 동서를 달리는 메인 도로에 자리 잡고 있다. 하루에 이 도로를 지나가는 차량만 해도 수천, 수만 대가 넘을 것이다. 그 도로를 달리는 렉서스 차량을 향해 매일 머리 숙여 인사를 한다는 것은 믿기 힘든 사실이다. 나는 인터넷을 검색해 보았다. 정말 기사가 나 있었고 일일 이벤트나 짧은 기간의 이야기가 아니었다. 이분은 2008년부터 현재까지 10년이 넘게 계속 이 일을 하고 계셨다. 그리고 이분과 함께 일을 하게 된 남자분께서도 이분을 본받아 똑같이 매장 앞을 지나가는 렉서스를 보면 머리 숙여 인사를 한다는 것이다. 그리고 그는 이렇게 말했다. "처음에는 렉서스의 엠블럼을 향해 감사의 인사를 했었어요. 그런데 조금이라도 손님과 가까운 곳에서 접대하겠다는 생각이 들면서, 엠블럼을 향해 인사를 하는 게 아니라 운전사의 눈을 보고 인사를 하는 게 접대의 본질이라는 걸 이해하게 되었어요."

자신이 몸담은 회사와 자기의 일에 대한 최고의 경의를 표하는 직원이 일하는 매장의 경영 정신도 읽어보고 싶었다. 렉서스 호시가오카 야마구치 사장의 인터뷰 내용을 간단하게 정리하면 다음과 같다.

"고객서비스의 기본은, 손님을 향한 진실된 마음을 담아 손님을 대하는 것이다. 매장의 스텝은 60명 정도이지만 그들은 전원 고객서비스에 대한 높은 마인드를 가지고 있다. 손님 한 분 한 분의 입장에 서서 어떻게 하면 고객이 기뻐할 수 있을까. 어떻게 하면 더욱더 고객의 만족도를 높일 수 있을까를 지속적으로 매 순간 생각한다. 스텝 전체가 하나로 뭉쳐 한 생각으로 임하는 고객서비스야말로 최고의 고객서비스로 이어진다."라며 환하게 웃는 사진과 함께 글이 올려져 있었다.

본격적으로 저출산 고령화가 시작되는 지금 시대에 자동차 판매업계의 경쟁도 치열할 것이다. 한 사람이라도 고객을 더 확보하고 또 기존 고객을 계속해서 유지하고 경쟁에서 살아남는 방법은 상품에 어떤 부가가치를 더해서 고객에게 효율적으로 전달할 수 있는가에 달려 있는지도 모른다. 렉서스 호시가오카 매장의 '손님 접대'의 마인드는 자신의 집에 초대하는 부모, 친척, 가족과 똑같이 소중한 초대객으로 고객을 생각한다. 직원들 간에 마음이 통하고 고객과도 마음으로 소통하는 기본자세가 손님 접대의 본질이라고 말한다. 소중한 고객이 등을 돌리지 않게 하기 위해서는 매장의 규모를 키우는 것보다 고객서비스의 수준을 높이고 서비스 체질을 더욱 강화하는 것이 무엇보다 중요하다고 이야기한다. 그렇게 해야만 고객이 필요로 하고 고객이 떠나지 않는 고객에게 사랑받는 매장으로 남을 수 있다고.

노만 빈센트 필은 이렇게 말했다. "어떤 직업, 어떤 자리에 있건 자기의 일을 사랑하지 않는 이상, 결코 성공할 수 없다."

누구나 한 번쯤은 자기의 일을 소중하게 대하고 열심히 집중한 결과로 만족스러운 성과물을 얻어낸 경험이 있으리라 생각한다. 자기의 일을 소중하게 대할 때 나의 일이 내 가슴을 뛰게 한다. 또 많은 동료로부터 감사의 말이 들려온다. 어떤 분야에서도 자기 가치를 향상시키는 노력을 멈추지 말자. 그리고 이런 나만의 행복 유전자를 주위에도 전파하며 다함께 번영하는 삶을 살자. 나의 일을 아끼고 사랑하며 나의 삶에 만족하는 사람이 되자. 자기의 일을 통해 행복함과 성취감을 느끼는 사람이 제일 성공한 사람이다.

지금 하고 있는 일을 사랑하자. 내가 하는 일을 사랑하면 나의 일상도 감사한 일로 바뀐다. 직장에서 받는 월급도 감사하고 월급을 받으며 자신의 능력을 개발하는 시간이 주어지는 것도 감사하다. 감사한 마음으로 일을 하면 일도 효율적으로 하게 된다. 같은 시간을 들여도 이런 마음으로 일을 할 때 최대의 효과가 얻어진다. 물론 나 자신도 성장하리라.

"인생이란 폭풍이 지나가는 것을 기다리는 것이 아니라 그 빗속에서 춤추는 능력을 배우는 것이다." 위대한 철학자 세네카가 남긴 명언이다.

사람은 진정으로 자신이 좋아하는 일을 할 때 지루하지도 않고 힘들다는 생각을 하지 않게 된다. 더 잘할 수 있도록 노력하고 즐겁게 앞으로 나아가기가 쉽다. 처음부터 그 일을 좋아했다면 그건 행운이다. 그러나 그렇지 않다면 그 일을 좋아하도록 노력하자. 내가 선택하고 시작한 일이다. 힘든 과정이 있더라도 그 과정을 즐기고 매일매일 오늘의 할 일에 집중하도록 하자. 모든 경험과 행동 하나하나를 소중하게 대하자. 그러면 일도 나에게 성장할 기회를 준다.

삶에 있어서 위기는 항상 우리에게 새로운 가르침을 준다. 조직에서의 위기 또한 마찬가지이다. 이런 위기는 동료와 서로에 대한 진실된 신뢰가 바탕에 깔려 있을 때 멋지게 극복할 수 있다. 지금 하고 있는 자기의 일과 팀의 동료를 소중하게 대하자. 그리고 그 일을 하고 있는 자기 자신도 소중히 여기자. 나의 일을 통해 나의 자존감을 느끼자. 나를 사랑하고 도전을 멈추지 않는 사람만이 성공한다. 이런 마인드라면 누구나 자신이 원하는 인생에 가까워질 수 있다. 매 순간 행복을 느끼며 지금의 위치에서 최선을 다하면, 또 다른 인생의 새로운 기회를 만날 수 있을 것이다.

# 03

# 대체
# 불가능한
# 사람이 되자

"실패하지 않는 사람은 위에서 시키는 대로만 하는 사람이다. 혼다는 그런 직원을 필요로 하지 않는다." 일본 기업 혼다의 창업주인 혼다 쇼이치로는 이런 말을 했다.

자신이 맡은 업무만을 좁게 바라보며 시야를 넓히지 않고 일을 하는 사람은 성장의 폭이 좁다. 항상 지금보다 더 넓은 영역에서 업무 전체를 바라보는 시야를 기르자. 나의 일만 고집하거나 남의 일을 모르는 척하거나 시키는 일만 하는 사람은 언젠가 회사에서 내가 설 자리를 고민하는 순간이 올 수도 있다. 자신의 담당 업무가 아니더라도 협력하고 함께 성과를 내고 적극적으로 참여해보자. 자신의 성장에 반드시 도움이 되는 값진 경험이 된다. 무엇보다 자신이 움직이고 활약하는 느낌이 들고 일을 통해서 보람도 얻을 수 있을 것이다.

코로나 시대를 리모트 워크로 완벽하게 일해보자.

요즘처럼 정보와 기술이 하루가 다르게 발전하고 글로벌 경제나 사회 환경이 시시각각으로 변하는 시대에서는 고객의 니즈도 좀처럼 예측하기가 힘들다. 특히 코로나로 인해 업무 환경이 변하고 직장 생활에서 소통의 형태도 달라짐으로써 예전과 똑같은 방식으로 모든 일을 진행하기는 힘들다. 직접 만나서 해결했던 문제들도 화상 미팅으로 설명해야 하는 경우도 있고 상대가 진정 원하는 것은 무엇인지 컴퓨터 영상만으로는 상대의 기분을 알아챌 수 없을 때도 있다. 그러나 상대의 니즈를 정확하게 알고 파악해야 나의 목표 달성과 업무 진행에 차질이 없다.

사내 조직에서도 원활한 커뮤니케이션이 결과물의 만족도를 올리는 것은 당연한 이치라 할 수 있다. 상사나 동료가 나에게 원하는 업무 능력은 어떤 것일까, 그는 지금 어떤 도움을 필요로 하고 있을까 등을 간파하며 서로의 대화를 성숙시킬 수 있어야 한다. 이런 대화는 내용이 딱딱하고 갑자기 이야기하려면 분위기가 긴장되고 몇 마디하고 나면 금방 말수가 줄어들기 십상이다. 그래서 평상시에도 재미없는 농담을 주고받기도 하고 또 항상 웃으며 먼저 말을 걸기도 하는 등 부드러운 분위기를 조성하는 데 적극적으로 노력해야 한다. 상대와의 거리감이 잘 조정되어 있을 때 업무에 관한 이야기도 하기 쉽고 나의 목적을 실현하기 쉽다. 그리고 상사나 동료도 긍정적인 태도와 노력의 흔적을 보게 되며 나의 일에 대한 열정을 느끼고 협력해 준다. 이런 분위기가 형성되면 자연스럽게 업무 앞에서 상사와도 동등하게 이야기를 주고받게 된다. 서로가 서로에게 부탁하기 쉽고 부탁받기 쉬운 관계로 발전한다.

이런 관계가 형성되면 진행하는 프로젝트의 배경과 목적, 업무 진행 방식 등을 구체화하고 결정하는 데도 서로가 많은 시간을 들이지 않고 별다른 문제 없이 일을 끌고 갈 수 있다. 이미 평상시에 일에 대한 서로의 가치관을 충분히 공유하는 상태이기 때문이다. 이야기한 내용을 다시 정리하면서 상사와 동료에게 설명하는 과정에서 자연스럽게 프레젠테이션 연습도 이루어진다. 이러한 '자주적인 사고와 생각을 행동으로 옮길 수 있는 힘'이야말로 이 시대 모든 조직에서 필요로 하는 구성원들의 능력의 '블루오션'이다. 어떤 부서에서도 원하고 또한 어떤 조직에서도 환영받는 인재들의 공통점이기도 하다.

일은 그 부서에서 경험이 오래된 사람에게서 배우면 되지만 이런 능력은 본인의 긍정적인 마인드와 노력이 없이는 갖추기 힘들다. 그래서 이미 이런 능력을 갖춘 인재를 상사들은 자신의 팀원으로 두고 싶어 한다. AI의 활약이 눈부신 지금의 시대는 모든 것이 점점 자동화되어 가고 있다. 사람이 하던 많은 일을 기계가 대신할 수 있는 세상이 된 것이다. 사람보다 기계가 더 잘하는 일도 많다. 옛날에는 사원에서 대리나 과장으로 승진하면 그때까지 키운 역량으로 기본적인 노력만 해도 별 탈 없이 안전하게 퇴직을 맞이할 수 있는 시절도 있었다. 그러나 우리가 걸어가야 할 지금의 시대는 3년 후의 세상도 예측하기 힘들다고 한다. 이제는 경쟁의 대상이 사람만이 아닌 로봇이 될 수도 있는 것이다. 아마 이 시대의 기업에서 일하시는 분 중에 실제로 경험하고 계시는 분도 있으리라 짐작한다.

AI로 대체되지 않는 업무는 무엇이 있을까. 사내 미팅에서 이런 주제가 던져졌다.

'기획 발상력', '창조력', '주체성', '도전 정신', '사람다움' 등의 키워드가 나왔다. 그렇다. '계획은 AI도 가능할 수 있지만, 기획은 AI의 영역이 아니다.' 물론 주도적인 커뮤니케이션 또한 아직은 인간의 영역이다. 다른 사람이나 AI와 대체될 수 없는 나만의 오리지널 역량을 키워나가자. 처음부터 탁월할 수는 없다. 노력에 노력을 더하면 평범함이 탁월함으로 바뀐다. 업무 전체를 바라보며 자주적인 사고와 실행력을 갖춘 팀 플레이어로 활약하자. 당장은 힘들어도 반드시 깊이 있는 역량을 쌓아갈 수 있다.

신념을 가지고 즐겁게 일하며 성공을 향해 달려가는 사람은, 단지 일을 잘하는 직원으로는 대체할 수 없다. 즐겁게 일하는 사람의 공통점이 있다면 이들은 '동료의 즐거움'을 챙긴다. 상대의 좋은 면을 칭찬하고 항상 나의 소중한 파트너로 정중하게 받아들인다. 같이 협력해나가야 하는 대상으로 인식하고 상대의 장점을 발굴하며 서로의 신뢰를 쌓아간다. 당연히 어려운 프로젝트를 추진할 때도 힘껏 도움을 받을 수 있고 결과물을 공유한다. 이렇듯 자신이 하는 일에 언제라도 든든한 지원군을 끌어들이고 일을 추진하는 능력을 키우는 사람들은 평소에도 다가오는 도전에 망설이지 않는다. 또한, 존중과 신뢰가 바탕이 되어 있기에 자신의 제안과 다른 답을 내오는 팀원들의 의견도 충돌 없이 잘 조정하며 이끌어간다. 나와 다른 생각이라고, 또는 예전에 비슷한 사례의 추천이 있었다는 등으로 무시하는 행동은 하지 않는다. 항상 '겸손함'이 뒷받침되어 있는 행동을 볼 수 있다. 세상이 아무리 바뀌고 AI나 로봇이 유능한 기술을 겸비한다고 해도, 인간의 '겸손함의 미덕'은 아름다운 불변의 가치가 아닐까 생각한다.

2022년 4월 상사의 제안으로 나의 담당 팀이 또 늘어났다. 코로나 시기에 리모트 워크로 업무를 확장시켜나간 노하우를 다른 팀에도 적용할 수 없을까 하는 상담이 2021년도부터 있었다. 부서 전체의 매출 증진에 도움이 되고, 무엇보다 팀원들이 다 함께 성장할 수 있다면 충분히 도전해야 할 가치가 있고 감사한 일이다. 만족할 만한 좋은 결과를 얻어내지 못할 수도 있다. 그렇지만 우리는 물러서지 않고 도전할 것이다. '소통과 공유와 협력'을 통해 함께 앞으로 나아가며 서로 배우고 성장하는 또 하나의 공간을 추가할 것이다.

마더 테레사(Mother Teresa)는 "중요한 것은 우리가 얼마나 많은 일을 할 수 있는가가 아니라 얼마나 많은 사랑을 그 하는 일에 담을 수 있는가 이다. 마찬가지로 얼마나 많은 것을 줄 수 있는가가 아니라 얼마나 많은 사랑을 그 주는 것에 담았는가 하는 것이다."라고 말했다.

지금 자신이 속한 조직에서, 자신이 지금 하고 있는 일은, 자기 자신이 스스로 선택하고 시작한 일이다. 먼저 자기의 일을 사랑하고 주위의 동료에게 감사하는 마음을 가지자. 자신이 하고 있는 일에 대한 가치가 새롭게 다시 보일 것이다. '나중에….'라고 하면 나중에 기회는 오지 않는다. 지금 이 자리에서 시작하자. 항상 준비된 사람이 되어 기회가 오면 내 것으로 만들어 보자. 당신이 변하면 주위도 변하고 당신을 보는 동료들의 평가도 달라진다. 자신의 업무에 진심으로 대하고 '내 일'이라고 느끼며 전체의 목표를 실현하기 위해 몰입하자. 자신이 현재 하고 있는 일이 가치 있고 의미 있다는 느낌을 받을 수 있을 것이다. 팀 전체에 긍정적인 영향력을 가져올 수 있다. 진정성과 성실함이 바탕에 담겨 있는 이런 마인드는 점차 자신의 가치관에 심어진다. 그리고 같은 신념과 사고를 가진 동료들을 모으고 좋은 영향력을 발휘한다. 이런 사람들이 함께 모여 있을 때 당연히 일의 효과도 크게 나타나고 기분 좋은 성취감을 가져다주면서 빨리 목표에 도달할 수 있다.

그렇게 성장한 한 사람 한 사람이 모여서 '대체 불가능한 멋진 크루'를 만든다. 지금 당장 목표를 세우고 행동하자. 당장은 아무런 변화가 없어

보일지도 모른다. 그러나 하나씩 쌓인 적은 노력이 모여 큰 변화를 가져올 것이다. 아무것도 하지 않으면 아무 변화도 일어나지 않는다.

어떤 조직이나 단체에도 대체 불가능한 사람이 있다. 그들은 단지 일만 잘하는 사람들이 아니다. 각자의 축적된 지식과 오랜 경험과 함께 무엇보다 성실함과 꾸준함으로 피나는 노력을 해온 사람들이다. 항상 긍정적인 마인드와 진취적인 행동력이 뒷받침되어 있다. 그런 사람들은 '대체 불가능한 독보적인 존재'로서 나와 조직을 성공적으로 이끌어간다. 그리고 이런 심플한 원리와 원칙을 깨달은 사람들이다. 다른 누구와도 대체할 수 없는 존재가 되도록 노력하자. 실행력과 꾸준함으로 자신의 신념을 믿고 미래를 향해 나아가자. 누구나 각자의 일에 집중하고 최선을 다한다면 반드시 미래에는 자신이 원하는 모습이 되어 있을 것이다. 그리고 다른 누구도 자신의 자리를 넘볼 수 없는 대체 불가능한 사람이 되어 있을 것이다.

# 04

# 직장에서
# 인생 2막에 필요한
# 모든 것을 배워라

"내가 가장 잘할 수 있는 것을 찾아라."라고 월트 디즈니는 말했고, "꿈과 관련된 일을 해라."라고 빌 게이츠는 말했다.

우리는 평생 생계를 유지하고 자아실현을 하기 위해서 무언가 일을 하고 살아간다. 물론 일을 하지 않아도 여유롭고 즐거운 삶을 살아가는 사람들도 있을 것이다. 그러나 경제적인 여유가 있어도 자신이 좋아하는 일을 찾아서 일하는 사람들의 숫자가 더 많다고 한다. 왜 그럴까? 인간의 근본적인 욕구에도 '자아실현의 욕구'가 가장 높은 단계에 있으며, 사람은 이렇듯 자기의 성장과 성취감, 자기 충족성, 자기 존중감 등 자신이 원하는 모습이 되고자 하는 욕구가 크다고 한다. 직장 생활을 하는 우리도 예외는 아닐 것이다. 오랜 시간이 흐른 뒤 후회하지 않도록 지금 하고 있는 일이 즐거운 사람도, 그렇지 않은 사람도 지금의 일에 최선을 다하고 자신을 능력을 마음껏 발휘하자.

우린 누구나 다 인생의 2막을 준비해야 하는 사람들이다. 특히 고령화 시대의 혜택으로 수명이 길어지고 많은 시간이 자신에게 주어졌다. 이 소중한 시간을 자신이 좋아하는 일들로 채울 수 있다면 얼마나 멋지게 인생 2막을 살아갈 수 있을까. 사람은 자신이 좋아하는 일을 할 때 행복을 느낀다. 그리고 일의 효율성도 높아진다. 결과적으로 멋진 성과를 거두는 지름길이기도 하다. 세상에서 가장 아름다운 사람은 자신의 마음속에 있는 꿈을 발견하고 믿고 행동하는 사람인지도 모른다.

직장 생활도 나를 훈련시키는 무대이자 나를 성장시키는 인생의 값진 경험이라고 생각하자. 인생의 값진 경험을 매달 월급을 받으며 체험할 수 있다니, 그것 또한 행복한 일이다.

수십 년간 회사에서 일하며 다양하게 많은 사람과 인연이 있었던 것 같다. 부서를 이동해서 만났던 새로운 팀원들이나, 사내 또는 회사 밖에서 강의하면서 인연이 된 사람들, 여러 가지 종류의 연수에 참여해서 만난 사람들 등 많은 사람을 보아온 것 같다.

이들 중에는 정년퇴직 전에 회사를 그만두어 버린 사람도 있었다. 하고 있는 일에 불만을 느끼고 직장을 옮긴 사람도 있었다. 단순히 회사가 싫어서, 불만이 있어서가 아닌 뭔가 다른 일로 돈을 많이 벌고 싶어서 그렇게 직장을 나간 사람도 있었다. 그런데 그들 중에 크게 성공한 케이스는 보기 드물었다. 지금 하는 일을 그만두고 나름대로 계획을 세워 새로운 일에 도전했는데 자신의 원하는 만큼의 결과가 이루어지지 않는다고 이야기한다.

반면 꾸준히 자신의 맡은 바 일을 소홀히 하지 않고 작은 일도 끝까지 최선을 다하고 인생 2막을 준비하시는 분들은 의외로 생각보다 좋은 결과를 성취하시는 분들이 계시다. 물론 내가 듣고 본 경험담이니 모두가 다 그렇다는 것은 아니다. 전자도 후자도 공통점은 자신이 지금 하고자 하는 일, 하고 있는 일에 대한 뜨거운 열정이 있느냐 없느냐가 어떤 일을 하더라도 그 일의 내용이나 종류의 문제가 아니라 '일에 대한 뜨거운 열정'이 성공과 실패를 좌우하는 경우가 많았다. 자기의 일을 사랑하고 열정을 가지고 소중히 대하는 사람은 직장에서도 성공하고 인생의 2막도 멋지게 준비한다. 회사 생활의 마스터가 성공 인생의 마스터인지도 모른다.

직장 생활 속에서 얻어지는 많은 경험과 공부를 토대로 인생 2막을 준비하는 분들은 안정과 부를 같이 성취해 나가는 분들이 많았다. 내가 정말로 하고 싶은 일을 생각하고 차질없이 행동할 수 있게 미리 준비한다. 인생 2막이라는 한 번도 경험하지 못한 길을 처음으로 걸어갈 자신을 위해 역시 꼼꼼한 계획을 세운다. 그리고 직장에서처럼 용기 있게 그 일에 도전하며 그렇게 성공을 거둔다. 모든 시간을 자신의 성장을 향해서 나아가는 시간으로 초점을 맞추자. 그러면 퇴직 후에도 자신에게 즐거운 생활이 기다리고 있을 것이다.

나도 인생 2막을 준비하려고 한다. 정년퇴직을 맞이하고도 또 다른 나의 꿈으로 나의 인생을 시작하고 싶기 때문이다. 열정을 쏟을 수 있는 일을 나의 평생 직업으로 삼고, 좋아하는 일을 하며, 좋아하는 사람들과 좋아하는 시간을 보내기 위해서 지금의 모든 일에 최선을 다하고 노력한다. 지금의 노력이 나의 멋진 인생 2막의 황금 열쇠를 가져다줄 것이기 때문이다.

젊은 시절 나는 공간 디자인이나 패션에 관심이 많았다. 그래서 일본에 와서는 패션에 관련된 공부를 했고 나고야에 있는 패션 학교를 졸업했다. 학교에 다닐 당시에는 아르바이트하면서 공부를 했지만 피곤한 줄도 모르고 그야말로 자신이 원해서 하는 공부가 매일매일 즐거웠다. 그때 당시 나도 여러 패션 콘테스트에 디자인 그림을 응모했었다. 자신만의 오리지널 디자인이다. 남들이 보기엔 촌스럽고 무슨 그림인지 뭘 만들고 싶어서 그린 그림인지조차 알 수 없겠지만 완성된 모습을 상상하고 그림을 그린 당사자는 자신의 디자인에 만족해하며 자신 있게 디자인 그림을 그렸다.

나고야에서 전국적인 패션 콘테스트가 개최되었던 해이다. 전국에서

20만 명 정도의 패션 디자이너를 꿈꾸는 학생과 일반인들이 응모했고 그 중에서 입선한 사람은 16명 정도라고 그때 당시 선생님이 말씀하신 기억이 난다. 아마 20명은 안 되었지 싶다. 그 정도의 디자인 그림이 입선하고 그들 중에 나도 들어가 있었다. 담임 선생님도, 교장 선생님도 굉장히 기뻐하셨다. 특히 공부를 시작한 지 1년 반 정도가 지난 때였기에 그런 학생의 디자인이 입선하는 일은 극히 드문 일이라며 놀라워하셨다. 입선한 후에는 디자인을 옷으로 만들어야 하기에 의상을 만드는 데 부족한 기술들을 선생님께서 보살펴주셔야 했고 그때 여름방학 동안 나 때문에 담임 선생님께서는 제대로 쉬지도 못하셨다. 지금 생각해도 참 감사할 따름이다. 혼자선 많이 부족했던 나를 채찍질해주시고 의상이 완성되고 패션쇼가 성공적으로 진행될 때까지 끝까지 이끌어 주셨다. 정말 아름다운 여자 선생님이셨다. 지금은 아마 퇴직하시고 노후를 잘 지내고 계시리라 생각한다.

이때 나는 외국인으로 드물게 그것도 1년 반 정도의 공부를 하고 입선한 상태였기에 일본의 국영방송사인 NHK의 기자분이 인터뷰를 오셨다. 진짜 운이 좋았던 것뿐인데 태어나서 처음 방송국으로부터 취재를 받고 어린 나이에 신이 났던 기억이 있다. 아직도 그때 인터뷰 기념으로 받았던 당시의 텔레폰 카드를 간직하고 있다. 텔레폰 카드의 사용 가능한 금액은 국제 전화로 부모님께 기쁜 소식을 알려드리는 데 사용했고, 지금은 사용 후의 텔레폰 카드만 남아 있다.

지금 생각해 보면 행복이나 꿈, 성취감 등은 머리로 이해하고 판단했다기보다는 가슴이 설레고 본능적이고 직관적으로 느꼈던 것 같다. 적성에 맞지 않아도 맡은 일에 몰입하다 보면 지금 내가 하는 일이 천직이 될 수도 있다는 구절을 어느 책에서 본 것 같다. 그렇다면 자기가 진정으로 좋아하는 일을 즐겁게 몰입해서 할 수 있다면 얼마나 행복할까 하고 생각해 본다.

나도 지금의 직장에서 앞만 바라보며 정신없이 달려왔다. 우리 모두 인생 2막에서는 자신이 좋아하는 일, 즐거워하는 일로 노후를 설계해 보자. 창의적인 회사생활을 보내고 있는 당신이라면 아마 퇴사 후의 활기찬 생활도 즐겁게 계획하고 있으리라 생각한다. 언제나 그렇듯 긍정적인 마음으로 주위를 바라보고 항상 맡은 일에 최선을 다하며 지금 이 자리에 안주하지 말고 늘 발전하고자 노력하자.

인생에서 이루고 싶은 자신의 꿈과 목표를 설정해 보자. 항상 마음에 새겨 두고 마치 성취된 사실처럼 느낄 정도로 생생하게 그려보기도 하자. 그리고 그 꿈을 이루고 있을 미래의 자신에게도 즐거워하라고 말해주자. 지금 이 자리에서 최선을 다한다면, 자신의 원하는 소망은 반드시 이루어질 것이다. 자신의 행복을 절대 포기하지 말자. 우리는 누구나 평생 행복할 자격이 있는 사람들이다.

"준비 여부에 상관없이, 열망을 실현하기 위한 명확한 계획을 세우고 즉시 착수하여 그 계획을 실행에 옮겨라." 나폴레온 힐의 말이다. 누구나의 마음속에는 아름다운 꿈이 있다. 그 꿈을 상상하고 도전하자. 자신과 남을 이롭게 하는 세상의 모든 꿈은 모두를 행복하게 하고 밝은 미래를 가져온다. 나의 꿈과 나의 노력이 다른 누군가의 발전에도 긍정적인 영향을 끼친다면 이보다 더 행복한 일도 없을 것이다. 나 자신을 믿고 도전하는 사람이 결국 진정한 행복을 얻는다.

나고야 패션 콘테스트에 응모한 의상디자인 그림(팜플렛은 오른쪽 하단)

일본NHK방송국의 인터뷰후 기자분께서 보내온 손편지와 텔레폰 카드

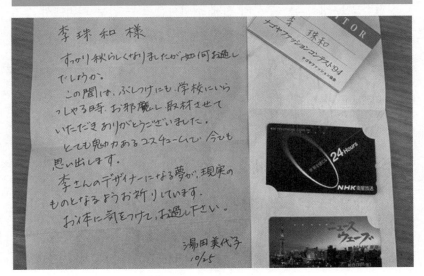

## 05

# 함께
# 일하고 싶은
# 사람이 되라

정기적으로 개최되는 부서의 전체 조회시간 또는 업무 회의에서 스피치를 할 기회가 많이 주어진다. 나는 그럴 때마다 주로 이런 내용의 스피치를 한다. "우리는 행복한 생활을 추구하기 위해서, 지금의 일을 하고 있습니다. 경제적으로 풍요해지고 더불어 정신적으로 여유를 얻기 위해서 말이죠. 그리고 일을 통해 성장하며 자신의 가치를 높여갑니다. 그런데 그 일이 나를 힘들게 하고 또 나를 병들게 한다면 지금의 일을 하는 것이 무슨 의미가 있을까요? 그러니 항상 웃으면서 즐겁게 일을 하도록 합시다."

모든 상사나 선배들의 마음이 그렇듯이, 자신이 고생해서 걸었던 길을 후배가 똑같이 고생하며 밟아 오기를 원하는 사람은 없다. 나 또한 나의 팀원들이 스트레스를 받으며 일을 하는 걸 원치 않는다. 안 그래도 해마다 새로 도전하는 업무와 그에 따라 불어나는 일만으로도 피로가 쌓여갈 것이다. 그런데 사람 관계나 작업 환경에서까지 스트레스를 받아서야 하겠는가.

실제로 현대 사회에서 많은 사람이 직장 문제로 고민을 하고 마음의 병으로 이어지는 경우가 많다고 한다. 나도 긴 시간 사회생활을 하면서 사내뿐만 아니라 회사 밖의 친구에게서도 이런 이야기를 듣기도 했다. 자신을 쏟아부으며 매일의 업무에서 자존감이나 성취감이 쌓여도 모자랄 판에, 일과 사람 관계에서 마음의 병이 쌓여간다면 이토록 힘 빠지는 일도 없을 것이다.

"나는 아첨하는 사람을 믿지 않는다. 비판하는 사람도 좋아하지 않는다. 무시하는 사람은 용서하지 않는다. 그러나 격려해주는 사람은 절대 잊지 않는다."
 – 윌리엄 워드(William Ward)

과거에 내가 담당한 팀원 중에 항상 남과 나를 비교하는 직원이 있었다. 얼굴도 잘생기고 커뮤니케이션 능력도 뛰어났다. 특별히 일이 남보다 뒤처지는 사람도 아니었다. 그런데 항상 자신의 일과 관련이 되어 있는 모든 사람에게 불만을 지니고 있었다. 그리고 마음속의 불만이 쌓이고 쌓이면 시간을 내어서 자신의 이야기를 들어주기를 원했다. 그렇게 한참 이야기를 토해내고 나면 그의 마음이 편해지고 또 불안해하는 분위기도 안정이 되었다.

시간이 나는 대로 그의 이야기를 들었고 왜 그가 상대방에게 불만을 느끼고 사람들에게 차갑게 대하는지 그 원인이 점점 보이기 시작했다. 자신이 하는 일에 대한 자신이 없었던 것이다. 그래서 다른 사람의 성과물은 모두 다 좋아 보이는데 자신이 만들어 낸 성과물은 뒤처지는 느낌이 들고 그러면서 자신을 방어하는 수단으로 다른 사람에게 관대하지 못하고 혹한 평을 하는 것이었다. 어쩌면 이때까지 칭찬과 격려가 부족했고 누군가에게 원망을 듣던 경험이 마음속에 어두운 그림자로 남아 있는 건 아닐까. 원활히 업무를 조정해야 하는 게 나의 일이기도 하기에 이 상태로 내버려 둘 수는 없었다.

나는 그의 좋은 행동이나 잘 해내는 일들을 발견해서 끊임없이 칭찬하고 또 격려했다. 업무 내용도 되도록 그가 자신 있어 하는 일을 맡기기로 했다. 잘하는 일을 하다 보니 조금씩 성과도 올라갔고 그의 말이나 행동도 여유로워지는 모습이 보였다. 그렇게 1년 정도가 지나고 그는 내게 자신의 트라우마를 털어놓았다. 어릴 때의 그의 모습은 열심히 공부하고 말 잘 듣는 학생이었다. 그러나 엄격하신 아버님의 교육 방침이 그를 항상 부족하고 모자라는 사람이라는 인식으로 살아가게 했다. 그는 아버님이 원하는 대학에 들어가지 못했고 끝내 아버님으로부터 한 번도 칭찬이나 자신을 인정해주는 말을 듣지 못한 채 결별한 과거가 있었다. 어쩌면 성장 과정에서 비슷한 사례를 경험한 사람은 그만이 아닐 수도 있다. 그 후 취업을 하고 결혼을 해서 가정을 이루었지만 하는 일마다 무언가 자신이 없고 그래서인지 제대로 되는 일이 없었다고 한다. 항상 새로운 마음으로 새로운 일에 도전해도 항상 본인은 만족하지 못했다는 것이다. 자신도 남에게 인정받고 싶은데 항상 부족하다는 생각이 들었고 점점 다른 사람들이 자신을 그렇게 보고 있지 않을까 두려움에 온종일 신경이 쓰이고 밤에는 깊은 잠도 들 수 없었다는 것이었다.

성과를 중요시하는 자본주의 사회에서 뚜렷한 이유도 없이 마음을 다치는 경험을 이 시대를 살아가는 사람은 한 번 정도 경험하고 살아가는지도 모른다. "그냥 그런 거야. 이런 일도 있을 수도 있지." 그렇게 자신에게 이야기하며 마음이 무뎌져 가는 시간이 지나가는 걸 참고 기다리는지도 모른다. 그런 사이에 하나둘 마음속에 쌓인 아픔이 가시가 되어 자신과 남을 알게 모르게 찌르고 있는지도 모른다. 서로 피가 나는 줄도 모르고, 자신만 아프다고 생각하고 있는지도 모른다. 남의 마음이 다치면 나의 마음이 다치는 것도 모른 채.

니체는 이런 말을 남겼다.

"자신과 닮은 사람을 사랑하는 것이 아니라 자신과는 대립하여 살고 있는 사람에게 기쁨의 다리를 건너는 것이 사랑이다. 차이를 부정하는 것이 아니라 그 차이를 사랑하는 것이다."

정작 실천으로 옮기기 힘든 내용이다. 그런데 남을 배려하고 다른 사람을 사랑과 존경으로 대하는 것이 곧 자신의 성장으로 이어지며 자신의 마음을 치유하게 한다. 남의 마음도 자신의 마음도 아름답고 소중한 것이다. 잘 지키고 잘 보호하자.

빌 게이츠도 "세상은 원래 불공평한 곳"이라고 말했다. 그렇다면 '남과 나의 차이'를 비교하고 거기에 집중할 것이 아니라 나의 장점과 나의 성장과 나의 행복에 집중하도록 하자. 무엇보다 우리 자신도 부정적인 사람보다 일을 즐겁게 하고 밝고 긍정적인 사람과 함께 일하고 싶어 한다. 이 또한 생각해 보면 당연한 이치일 것이다. 항상 웃음을 잃지 않고 긍정적인 사람이라면 주위도 밝은 분위기로 바꾼다. 누구보다 자신을 위해서, 항상 웃는 얼굴을 잃지 말자.

웃으면 얼굴이 더 빛난다고 관상학에서도 말하고 있다. 또한, 사람의 매력은 나이와 무관하다고 한다. 자신의 삶을 사랑하고 끊임없이 노력하는 사람은 누구나 함께 일하고 싶어 한다. 웃는 얼굴은 나의 힘든 마음도 어루만져 준다. 남이 모르는 나의 고민이나 어려움이 있을 때도 거울을 보고 웃는 연습을 해보자. 나의 힘든 상황도 거울 속의 내가 나의 편이 되어 위로해준다. 그리고 나에게 말을 걸고 격려도 해주자. 나를 위해 웃음도 지어주자.

나는 매일 아침 이렇게 웃는 연습을 해온 지 10년 정도가 되는 것 같다.

처음에는 강의나 스피치를 할 때 좋은 웃음을 나누고 상대에게 좋은 인상을 주기 위함이었다. 시간이 지나고 지금은 거울 속의 웃는 나에게 매일 아침 용기를 얻고 하루를 시작한다.

"웃는 사람에게 복이 오고 돌아섰던 복도 다시 돌아온다."라는 우리 옛 속담도 있듯이 웃음은 나도 상대도 행복하게 만드는 최고의 소통 수단이다. 앞으로 다가올 나의 미래의 시간은 내가 만들어가는 것이다. 과거에 또는 현재의 직장에서 혹은 친구 간에 안 좋은 기억으로 거기에 집중하여 부정적인 감정을 마음속에 쌓아가는 일은 그만하자. 긍정적인 자신으로 바꾸는 하루하루가 지나다 보면 어느새 동료나 모든 단체에서 원하는 함께 일하고 싶은 사람이 되어 있을 것이다.


"어떤 직업, 어떤 자리에 있건 자신의 일을 사랑하지 않는 이상, 결코 성공할 수 없다."

신학자인 노만 빈센트 필의 말이다. 그리고 이와 비슷한 내용의 명언은 여러 유명한 저서에서도 많이 읽을 수 있다. 공부든 운동이든 일이든 어찌 즐기는 자를 이길 수 있겠는가. 참으로 맞는 말이다. 그런데 즐기지 못하는 일이라면 차라리 웃으면서 해나가자. 울고 싶은 순간에도 웃음으로 대처하자. 나 또한 과거에 웃지 못할 힘든 상황을 경험한 적도 있었다. 차라리 울어버리고 싶을 때도 많았다. 억지로 웃는 것이 우는 것보다 힘든 일이라는 걸 공감하는 독자분도 아마 많을 것이다. 그래도 우리는 항상 웃어야 한다. 힘든 상황을 잘 극복해내고 있는 나를 위해서라도 최소한 나를 위해 항상 웃고 살아가자. 또 이런 모습이 다른 사람에게 초연함으로 보이고 신뢰가 쌓이며 믿을 수 있는 상대로 인식된다. 반대로 그때그때 감정을 폭발시키고 발산하는 선배나 상사를 믿고 따라갈 수 있겠는가. 내가 함께 일하고 싶은 사람으로 성장하는 계단은 이렇듯 소소하고 작은 것부터 하나하나 챙겨보자.

동료나 상사, 후배를 사랑하는 마음이란 자신과 다른 방식으로 느끼며 다른 가치관을 따르고 있는 사람들을 이해하는 것이다. 그들의 행동을 이해하려 노력하고 그들의 장점을 보려 할 때 나도 상대도 행복해진다. 라이벌을 마냥 좋지 않은 이미지로 생각하는 때도 있지만 결코 모두가 그렇지는 않다. 선의의 경쟁은 나를 성장시키고 다른 동료들의 좋은 롤모델이 되기도 한다. 행동 원칙이나 습관 등 본받아야 할 점들을 상대에게 배우도록 하자. 이런 팀원들이 모여 일하는 조직에서 성과가 나오는 것은 너무나 당연한 일일 것이다. 모든 일은 사람이 하는 것이기 때문에 서로를 이해하며 좋은 감정으로 처리해가는 과정에서 창의적인 업무 처리 방식도 이루어지고 성과도 낸다. 도움을 주는 사람도 도움을 받는 사람도 서로가 성장한다. 서로서로 인정하며 배우고 마음의 문이 열린다. 상대방을 인정하는 일이 결국 자신의 가치를 높이는 결과를 가져온다.

# 06

# 남다른 열정이
# 남다른
# 결과를 낳는다

지금 생각해도 부끄러운 이야기이지만 과거의 나는 아무런 계획도 없이 하고 싶다는 마음 하나로 프로젝트에 뛰어들어 주위 사람들을 고생시킨 경험이 하나둘이 아니다. 그런 부끄러운 실패담을 부하의 피드백 시간이나 동료에게도 가끔 들려준다. 앞으로 나와 함께 같은 길을 걸어가야 할 사람들, 나와 같은 경험을 하고 어쩌면 비슷한 실패를 할 수도 있다.

어떤 업무의 매뉴얼에도 나와 있지 않은 '실패의 스토리'를 일의 피로를 푸는 휴식 시간에 긴장을 풀고 웃음을 제공하기 위해서 공유하기도한다. 그런데 아무리 재미있게 이야기해도 심각하게 듣고 있는 친구도 있다. 나의 '실패의 스토리'를 듣고 무언가 배우려는 눈빛이 흐뭇한 기분이 들게 하기도 한다. 그리고 그 긴장된 눈빛은 자신의 일에 대한 열정의 크기를 말해주기도 한다.

나폴레옹의 명언에 이런 말이 있다. "자기가 할 수 있는 모든 것을 하는 것은 인간이 되는 것이요, 자기가 하고 싶은 모든 것을 하는 것은 신이 되는 것이다."

사람은 누구나 여러 가지의 실패와 도전을 반복하며 성장해간다. 실패의 순간에 멈추어 버리면 자기가 하고 싶은 일을 찾아낼 수도 없다. 자기가 할 수 있는 일조차도 포기하고 하지 못하게 된다. 무언가에 항상 다시 도전할 수 있는 원동력은 그 일에 대한 애정과 남다른 열정이 있어서가 아닐까 생각한다. 자신이 하고 있는 일에 대한 남다른 열정이, 결국 남다른 결과를 낳는 것이 아닐까 생각해 본다.


일을 즐기는 사람을 이기지 못한다. 직장 생활을 하는 사람이라면 하루 시간 대부분을 회사에서 보내는 경우가 많다. 어쩌면 일생의 긴 시간을 회사에서 보낼 수도 있다. 회사 생활이 즐겁지 않거나 지금 하는 일이 즐겁지 않다면 어떻게 하면 일이 즐거울 수 있고 일을 즐길 수 있을까. 우리 모두가 풀어야 할 과제인지도 모른다. 그런데 어떤 일에서도 항상 즐거움을 찾아내는 사람들이 있다. 그들은 열정을 가지고 일에 임하는 사람들이다. 자신의 일 속에서 자신만의 즐거움과 비전을 찾아내는 사람들이다. 비전이 있는 사람은 미래의 목표도 뚜렷하다. 그래서 자신의 소중한 시간에 의미가 부여되고 하루도 헛되이 살려 하지 않는다.

우리는 한배를 타고 넓은 바다를 항해하는 동지와도 같다. 운명을 같이하는 공동체이기에 다 함께 행복해져야 한다. 같은 조직에서 일하는 동료는 그들 개개인뿐만 아니라 그들의 가족과 생계도 함께하는 것이다. 그래서 우리는 사명감을 가지고 자신의 업무에 임해야 한다. 나의 일과 남의 일을 구분하지 않고 '우리의 일'이라는 일체감을 가지고 진행해야 한다. 자신감과 일에 대한 열정을 가지고, 동료와 가족의 행복을 기원하며 나아가자. 당신의 커다란 열정이 큰 바다를 비추는 등대처럼 당신 자신과 모든 구성원을 한 방향으로 이끌어 갈 밝은 빛이 될 것이다. 워렌 버핏의 말이 떠오른다. "열정은 성공의 열쇠이고 성공의 완성은 나눔이다." 나눔으로서 더 큰 성공과 행복을 끌어당긴다. 그 끝에서 성공한 자신을 만날 수 있을 것이다. 일도 인생도 웃으며 즐겁게 살아가자.

해외 업무의 마케팅을 10년 넘게 담당하고 있는 본사의 여자 직원분께서 어느 날 나에게 이런 질문을 해왔다.

"모두를 단정 지어서 말할 수는 없지만, 나이가 들수록 연수나 교육으로 사람을 바꾸는 데는 한계를 느끼기도 해. 특히 오십 대를 넘어가시면 자신의 철학과 방식이 뚜렷해져서 이런 사람의 마인드를 바꾸는 일은 역시 쉽지가 않은 일인가 봐. 당신이 어떻게 퇴직의 나이에 가까운 직원의 태도와 마인드를 바꿀 수 있었는지 알고 싶어."

나는 이렇게 대답했다.

"믿어지지 않을 수도 있겠지만 항상 정기적인 미팅을 하고 그때마다 긍정 마인드에 관한 이야기를 줄곧 했어요. 당신이 포기하지 않으면 반드시 해낼 수 있다고 말이에요. 물론 실제 업무에서도 성과가 나오고 그에 따른 기쁨도 컸다고 생각하지만, 그분이 계속 부정적인 마인드로 계셨다면 결코 아무것에도 도전할 수 없었고 그러면 성과도 낼 수 없었겠죠."

목표를 향해서 달리다 보면 내 뜻대로 일이 풀리지 않는 경우도 많다. 그러나 어떤 시련에도 포기하지 않고 다시 일어서려면 뜨거운 열정이 필요하다. 혼자서 열정을 만들지 못할 때는 동료나 선배의 도움을 청하자. 자신감을 잃고 포기하는 순간에 모든 것은 사라져버린다. 실패도 결단을 내릴 수 있는 사람만이 체험할 수 있다. 시련을 겪어내는 과정도 내가 행동하고 성장하는 증거이다. 시련을 극복하지 못하고 포기해 버리면 그 순간 열정이 사라지고 더 이상 내일을 꿈꾸지 않는 삶으로 변해 버린다.

시련을 이겨내는 과정에서 내가 단단해지고 나만의 노하우도 생긴다. 나의 내면이 성장하고 나와 함께해준 주위에 감사하는 마음이 생긴다. 실컷 감사하고 마음껏 기뻐하자. 그러면 더 큰 자신감과 더 큰 열정이 생겨난다. 매 순간을 어떻게 생각하고 행동하느냐에 따라 그 결과는 매우 달라진다. 앞으로의 일의 결과에도 더 큰 영향을 미친다. 힘들 때 포기하고 싶은 순간이 오면 '나의 삶의 의미, 나의 성장과 성공의 의미'를 잊지 말고 되새겨보자. 그리고 나 자신을 사랑하는 마음과 열정으로 다시 일어나자.

"결코, 양보하지 말라. 결코, 굴하지 말라, 결코, 결코, 결코, 위대한 것이든 사소한 것이든, 커다란 것이든 시시한 것이든 결코, 굴복하지 말라." 윈스턴 처칠의 말씀이다.

성공한 사람들은 항상 성공이라는 단어를 지속해서 가슴에 품고 비전을 향해 뛰어들고 끊임없이 도전해 나가는 사람들이다. 우리도 최선을 다해 열정을 가지고 결코 자신의 성장과 꿈을 포기하지 않고 모든 기회를 나의 것으로 만들어나가자. 성공을 이루어 낸 그들과 같이. 무언가를 이루고 싶다면 남다른 열정을 가지고 그 일에 뛰어들어 보자. 나의 열정이 나와 그리고 주위의 사람들을 긍정적으로 바꾸는 원동력이 될 것이다. 모든 열정은 모든 순간을 창조적 기회로 전환하는 계기를 만들 수도 있다.

동료나 선배, 후배나 상사에게 받은 감사의 메일이나 편지는 빠짐없이 모두 모아둔다. 특히 힘들었던 프로젝트를 성공하고 난 뒤에 함께했던 멤버에게 받은 메시지는 어려웠던 시간을 떠올리게 하고 밀려오는 감동을 선사한다. 나를 믿지 못하고 원망했던 상대방으로부터 시간이 지나고 감사의 말이나 하트의 표시를 잔뜩 넣은 메일은 언제 꺼내어 보아도 진짜 기분이 좋아진다. 그리고 힘들 때 앞으로 나아가는 큰 동기 부여가 된다.

장대하고 커다란 일의 성취만이 일에 대한 열정을 낳는 것은 아니다. 생활 속의 아주 작은 감사와 소소한 기쁨이 도전을 향한 커다란 열정을 안겨주기도 한다. 팀원에게 감사의 메시지를 받았을 때, 다른 사람이 멋지게 도전하고 성취하는 모습을 볼 때, 남의 성공을 축하해 줄 때, 날씨가 너무 좋아 기분이 좋고 바람이 상쾌할 때, 맛있는 것들을 먹었을 때 등 순간순간의 감사와 기쁨이 또 다른 도전으로 향하는 열정을 낳아준다.

모든 것에 감사하는 마음이나 사랑하는 마음, 그리고 나의 열정이 또 다른 자신만의 가치를 만들어낸다. 그 가치가 또 만족스러운 결과를 낳고 그렇게 나와 주위가 함께 성장한다. 자신의 마음도 점점 풍요로워진다.

알베르트 슈바이처는 이런 말을 남겼다. "성공이 행복의 열쇠가 아니라 바로 행복이 성공의 열쇠다. 자신의 일을 진심으로 사랑하는 사람이라면 그는 이미 성공한 사람이다."

# 07

# 회사의
# 주인이
# 되어라

"오로지 인간만이 생각을 물리적 실체로 전환하는 능력을 지니고 있으며 꿈을 꾸고 실현할 수 있다." 나폴레온 힐의 수많은 명언 중에서도 내가 참 좋아하는 명언이다.

나는 내가 인간인 것에 늘 감사한다. 인간이기에 꿈을 꾸고 인간이기에 자신에 대한 믿음을 가지고 꿈을 실현한다. 그리고 이런 믿음과 확신이 자신이 세운 목표를 향해 행동으로 옮길 수 있게 한다. 당당하게 자신감을 가지고 내가 정한 목표를 향해 꾸준히 노력하자. 나도 모르는 사이에 필요한 환경을 끌어당기고 어느새 그 중심에 서 있는 자신을 발견할 것이다. 자신의 꿈과 희망을 성공으로 이끌어가기 위해 오늘 이 순간의 삶에, 지금에 몰입하자. 한 번뿐인 지금의 인생을 후회하지 않도록 말이다.

"나의 과거가 궁금하면 지금의 내 모습을 보고, 나의 미래가 궁금하면 지금의 행동을 보라"는 말이 있다.

자신의 가치관을 명확히 하고 자신의 업무뿐만 아니라 전체의 업무를 생각하면서 일을 하는 사람이 되자. 그러면 자연스레 나와 조직이 나아가야 할 방향성이 보인다. 그리고 거기에 맞추어 움직이기 시작하면 좋은 아이디어가 떠오르고 나의 협력자도 생긴다. 같이 회사에서 몸담고 일하는 나와 동료와 조직에 대한 사랑과 열정이 항상 나를 움직이게 한다. 좀 과장된 표현일 수도 있으나 '나 자신보다 이 일을 더 사랑하는가?', '나보다도 팀과 전체를 생각하고 움직일 수 있는가?'라는 열정 말이다.

'남을 이롭게 하고자 하는 마음', '다른 사람을 돕고자 하는 정신'이 모든 비즈니스와 경영의 원점이다. 상대를 도우려는 마음으로 업무를 바라보면 시야가 넓어진다. 이때까지 보이지 않았던 해결해야 할 부분들이 보인다. 그런 '문제들을 해결하는 것'이 곧 새로운 비즈니스로 이어져간다.

나의 회사가 발전하지 않고 있는데 나의 성장이 넘쳐날 수 있을까. 나와 함께 성장해 나가는 조직은 그 조직에 몸담은 다른 모든 사람을 행복하게 만들 수 있다. 그래서 남을 위한 일이란 항상 가치 있는 일이 된다. 또 행복한 감정을 가지고 일하는 사람들 사이에 있으면 저절로 나도 즐거워진다. 앞으로도 함께 일하고 싶은 팀으로 성장하기를 원한다. 이러한 조직으로 만들어 가도록 적극적으로 힘써 나가야 한다.

나뿐만 아니라 팀과 조직을 생각하는 직원은 당연히 회사도 그를 놓치지 않으려 한다. 팀도 그를 원하며, 그것은 또 자신의 행복으로 이어지는 선순환의 구조가 만들어질 것이다. 아직 체험하지 못했다면 이해하고 상상하며 도전하면 알 수 있으리라 생각한다.


현대그룹 정주영 회장은 생전에 이런 스피치를 남겼다.

"어떤 어려움을 당해도 본인 스스로가 실패했다고 손을 들 적에 실패이지, 인간이 자기는 영원히 승리할 수 있다고 생각할 때는 영원히 승리하고 살고 있다고 생각합니다."

성공한 사람들은 말한다. '좋아하는 일'에 자신을 불태우는 인간으로 살아가라고 말이다.

언제까지? 성공할 때까지라고 말이다.

정직하고 성실하게 긍정적인 사고방식과 올바른 도덕성으로 자신을 개선하는 데 최선을 다하자. 자신의 인격을 성장시키고 상대를 이롭게 하려는 신념으로 탄탄하게 만들자. 이런 사람들은 직장 생활을 떠나 자신의 인생 속에서도 항상 주인공으로 살아간다. 당신도 당신의 인생의 주인공이 되길 바란다.

아무리 좋은 사상과 신념이 있다고 하더라도 알고 있는 것만으로는 어떤 성장도 이룰 수 없다. 믿고 실천해 나가야 한다. 어느 시대나 어느 지역이나 항상 바뀌는 사람만 바뀐다. 그들은 믿음을 가지고 행동하였기 때문이다. 현재의 자신의 모습을 당당하게 받아들이고 자신이 아직 이류라고 생각한다면 일류로 바꾸어 나가자. 우리에게 중요한 것은 과거가 아닌 새로운 미래이다. 미래의 자신을 모습을 상상하고 그 모습에 걸맞은 행동을 오늘부터 시작하자. 나의 행동과 습관이 바뀔 때 내 주위도 서서히 바뀐다. 나를 둘러싼 모든 환경이 점점 변화하는 경험을 하게 될 것이다. 그렇게 습관이 바뀌면 당신의 눈앞에 새로운 세계가 펼쳐질 것이다.

당신 회사의 대표는 당신이 아닐 수도 있다. 그러나 당신이 하고 있는 일의 대표는 바로 당신이다. 그렇다면 자신의 일에 대해서는 '내가 일인자'라는 자신감과 책임 의식을 가지고 당당하게 이야기할 수 있어야 한다. 이런 사고와 행동 방식을 가진 사람은 어떤 분야에서도 자기 가치를 향상시키는 사람이다. 또 그들은 일을 즐겁고 재미있게 해야 한다고 주장한다. 그들이 만든 행복감이 다른 이들에게도 좋은 영향을 주고 직장 생활의 만족도를 높여나간다. 그렇게 내 가슴이 뛰는 회사 생활도 내가 만들어나가는 것이다. 내가 선한 영향을 끼친 결과는 반드시 나에게 돌아오고 어느덧 조직의 중심에 서 있는 내 모습을 볼 날이 올 것이다. 자신에게 끊임없이 동기를 부여하며 지속해서 역량을 키워나가자. 아름다운 세상을 만드는 리더가 된다는 것은 가슴 벅찬 일이다.

"그저 사는 것이 아니라 잘 사는 것이 중요하다."라고 소크라테스도 말했다.

어떻게 시간을 활용하며 생활하는 것이 현명하고 자신을 위한 것인지 때로 생각하는 시간을 가져보자. 지금까지 회사 생활을 해오면서 만난 많은 사람이 각자의 재능과 유능함보다 부족함에 마음을 두는 경향이 많았다. 그래서 자신의 의견을 자신 있게 말하지 못하고, 하고 싶은 일에 도전하는 용기를 내지 못한다. 충분한 실력이 있어도 소극적인 마인드가 더 앞으로 나아가는 것을 막아 버린다. 그렇게 틀에 박힌 무료한 삶이 되어버린다. 점점 자존감이 낮아지고 '어차피 나는 안 되는 거였어.'라고 자신의 마음을 닫아버린다.

주어지는 모든 일을 기회로 받아들이고 도전해 보자. 기회는 자신도 모르는 사이에 갑자기 오는 경우가 많다. 항상 성실하고 꾸준히 모든 일을 계획하고 준비하자. 갑자기 오는 기회를 내 것으로 만드는 사람은 평소에 이런 습관을 쌓아가며 준비된 사람일 경우가 대부분이다. 그리고 작고 큼에 상관없이 도전에서 얻은 교훈을 자신의 것으로 만들어간다. 그렇게 모든 기회나 도전이 성공을 경험하는 계기가 될 수 있다. 모든 성공한 이들은 용기를 가지고 목표를 향해 목표지에 도착할 때까지 멈추지 않았던 사람들이다.

"장애물을 만났다고 반드시 멈춰야 하는 건 아니다. 벽에 부딪힌다면 돌아서서 포기하지 말라. 어떻게 하면 벽에 오를지, 벽을 뚫고 나갈 수 있을지 또는 돌아갈 방법이 없는지 생각하라."라고 했던 마이클 조던의 말이 생각난다. 실패의 가장 큰 원인은 자신이 스스로 무너지는 데에 있다.

인생에서 다가오는 시련에 굴복하지 말고 도전을 망설이지 말자. 성장에 따른 실패의 경험이나 파괴의 과정도 '성공에 가까워지는 작은 성공'이다. 모든 것은 자신이 원할 때 손에 넣을 수 있다. 자신의 인생을 즐기자. 자신의 일과 자신의 삶에 충실한 것은 이 세상에서 무엇보다 큰 기쁨이다. 의미 있고 가치 있는 최상의 삶이다.

때로 후배나 부하 직원들에게 말한다. 앞으로의 회사의 주인은 자신이며 자신이 가치 있는 사람이 되었을 때 자신의 회사도 가치 있게 보인다고. 좋은 회사에 몸담고 싶다면 자신이 지금 몸담고 있는 직장을 좋은 회사로 만들어 보자. 먼저 자신의 작은 습관이나 행동들을 바꾸어가자. 꾸준한 1%의 노력이 1년 후의 커다란 나의 성장을 가져올 것이다. 목적의식을 가지고 목표를 향해 매일 갈고 닦아 길들이자. 또 다른 운명이 열리고 미래의 성공이 성큼 다가올지 모른다.

스티브 잡스는 이런 말을 남겼다.

"인생은 모든 점이 연결되어 선으로 만들어집니다. 여러분들의 시간은 한정되어 있습니다. 다른 사람들의 견해가 여러분 자신의 내면의 목소리를 가리는 소음이 되게 하지 마십시오. 가장 중요한 것은 당신의 마음과 직관을 따라가는 용기를 가지라는 것입니다."

우리도 자신이 어떤 사람이 되고 싶은가 내면의 목소리에 귀 기울여 보자.

내 삶의 주인공은 나라는 것을 잊어버리지 말자.

올해의 나의 업무 목표에도 다음 세대의 리더를 양성하는 목표가 들어 있다. 2021년에 추천서를 올리고 서브 리더로 활동해 주고 있는 병아리 리더가 지금 나의 팀에는 세 친구 있다. 한 발 한 발 앞으로 나아가려 하는 모습이 정말 귀엽고 흐뭇하다. 아직은 서툴러서 넘어지기도 하고 때론 감동을 주며 나를 울컥하게 만들기도 한다. 열심히 생각해서 제안한 의견이 채용되지 않으면 고민하기도 하고 무엇이 문제였나 질문하기도 한다. 조직을 밝히는 한 명의 온전한 리더를 양성하는 일은 쉬운 일이 아니다. 많은 사람의 노력과 시간, 열정이 필요하다. 그러나 그런 리더가 한 명 탄생하면 조직의 분위기가 바뀌고 수많은 팀원에게 긍정적인 영향을 끼친다. 이런 인재가 2명이 되고 3명으로 늘어나면서 조직 문화의 흐름이 바뀐다. 그리고 제일 중요한 건 우리는 한 팀이라는 사실이다. 어느

한 명도 소홀히 하지 않고 우리는 같이 일으키고 같이 성장할 것이다. 넘어져도 즐겁게 긍정적인 마인드로 함께 걸어갈 것이다. 나 또한 자신과 팀원을 올바른 길로 이끌어가는 멋진 선배로 성장하기 위해 앞으로도 최선을 다할 것이다. 리더의 품격을 지키며 큰 종처럼 멋진 울림이 있는 선배이자 상사로 모두의 기억에 남을 수 있도록 언제까지나 노력할 것이다. 모두에게 인정받는 회사의 주인이자 나의 삶의 주인공으로 살아가자.